篮球运动
教学与人才培养研究

刘　烁　编著

吉林科学技术出版社

图书在版编目（CIP）数据

篮球运动教学与人才培养研究 / 刘烁编著 . -- 长春：吉林科学技术出版社，2019.11
ISBN 978-7-5578-6150-6

Ⅰ．①篮… Ⅱ．①刘… Ⅲ．①篮球运动－体育教学－教学研究－高等学校②篮球运动－人才培养－研究－高等学校 Ⅳ．① G841

中国版本图书馆 CIP 数据核字（2019）第 232781 号

篮球运动教学与人才培养研究

编　　著	刘　烁	
出 版 人	李　梁	
责任编辑	端金香	
封面设计	刘　华	
制　　版	王　朋	
开　　本	185mm×260mm	
字　　数	170 千字	
印　　张	7.5	
版　　次	2019 年 11 月第 1 版	
印　　次	2019 年 11 月第 1 次印刷	
出　　版	吉林科学技术出版社	
发　　行	吉林科学技术出版社	
地　　址	长春市福祉大路 5788 号出版集团 A 座	
邮　　编	130118	

发行部电话／传真　0431—81629529　　81629530　　81629531
　　　　　　　　　81629532　　81629533　　81629534

储运部电话　0431—86059116

编辑部电话　0431—81629517

网　　址　www.jlstp.net

印　　刷　北京宝莲鸿图科技有限公司

书　　号　ISBN 978-7-5578-6150-6

定　　价　50.00 元

前　言

篮球运动深受广大人民群众的喜爱，在我国有着十分广泛的群众基础。其本身所具有的时空对抗、集体协同、健身娱乐等特点，不仅有利于人们提高身体的健康水平、增强运动能力，而且还有利于人们保持心理健康，培养良好的意志品质以及提高自信心。

在体育事业不断发展的推动下，现代篮球运动日新月异。但是，当前世界篮球运动的发展具有一定的不均衡性，篮球运动人才水平也参差不齐。从整体上来看，美国和西欧一些国家的篮球发展水平较高，篮球人才也较多。而我国的篮球运动水平虽然在亚洲为一流，但却无法与世界一流水平比肩，而且篮球人才也比较缺乏。我国要缩小与世界一流国家篮球运动水平之间的差距，就必须在篮球运动教学和人才培养方面有一些新的突破。我国篮球人才的知识面越广、能力越高，篮球运动才能得到更进一步的发展。

全书共五章。第一章为篮球运动的历史与篮球运动教学的理论基础，主要阐述了篮球运动的发展历程、我国篮球运动的历史与发展、篮球运动教学概述、篮球运动教学的理论基础以及篮球运动教学的价值等内容；第二章为篮球运动教学的组织实施，主要阐述了篮球运动教学的任务与目标、篮球运动教学的计划、篮球运动的教学模式、篮球运动教学的组织与实施以及篮球运动教学的评价和我国高校篮球运动教学的现状与发展等内容；第三章为高校篮球技术教学，主要阐述了篮球运动技术概述、篮球运动进攻技术教学以及篮球运动防守技术教学等内容；第四章为高校篮球战术教学，主要阐述了篮球运动战术概述、篮球运动进攻战术教学以及篮球运动防守战术教学等内容；第五章为高校篮球的人才培养，主要阐述了高校篮球人才培养的现状、篮球人才的特点与选材以及高校篮球人才培养的对策等内容。

为了确保研究内容的丰富性和多样性，在写作过程中参考了大量理论与研究文献，在此向涉及的专家学者们表示衷心的感谢。

最后，限于作者水平有不足，加之时间仓促，本书难免存在一些疏漏，在此，恳请同行专家和读者朋友批评指正！

目 录

第一章　篮球运动的历史与篮球运动教学的理论基础

篮球运动是一项集体性、综合性，围绕高空展开立体型攻守对抗的活动性游戏。现代篮球运动已经逐步发展完善成为一项融科技、教育和技艺于一体的受大众欢迎的国际性竞技体育运动项目，其在愉悦身心、强健体质、培养品质等方面具有重要作用。本章分为篮球运动的发展历程、我国篮球运动的历史与发展、篮球运动的教学概述、篮球运动教学的理论基础以及篮球运动教学的价值五部分。主要内容包括：篮球运动的起源与演变、我国篮球运动的现状和发展趋势、篮球教学的原则和方法、篮球运动教学的理论、篮球运动教学的价值意义等方面。

第一节　篮球运动的发展历程

一、世界篮球运动的起源与演变

篮球运动是由美国马萨诸塞州斯普林菲尔德市基督教青年会训练学校体育教师詹姆斯·奈史密斯博士于 1891 年发明的。这年冬天美国东部地区入冬较早，为了使学生不受寒冷天气的限制，能够在室内开展有益的运动，他从小孩向装桃子的竹筐里扔桃子的游戏得到启发，琢磨出将竹篮钉在墙上，向竹筐里投球的方法进行游戏。篮球运动由此兴起，自问世后得到了广泛的传播和迅速的发展，并且很快传向世界各地。1895 年，篮球传入中国。由于篮球运动具有较强的对抗性、集体性、趣味性、娱乐性、观赏性和健康性，所以发展得很快。目前，国际篮球联合会拥有 213 个会员协会，篮球运动成为世界上最受人喜爱的运动项目之一。

随着篮球运动的发展，篮球竞赛规则不断得到完善，因为这项球类运动既有趣又有较高的身体锻炼价值，其诞生后很快被列为正式体育项目。据史料考证，1891 年篮球游戏的场地大小不等，活动人数不限，竞赛以球进筐多者为胜。20 世纪 20 年代末，为限制粗暴抢球的动作，制定了简单的基本要求：禁止推、踢、撞、打等粗暴动作，不准拿球跑，不准双手拍球，场上队员限制为 5 人等。此时赛中主要以单兵作战为主要攻守形式，战术配合还在萌芽阶段。20 世纪 30 年代至 40 年代，国际业余篮球联合会初步制定了国际较统一的竞赛规则。1936 年第 11 届奥运会后，篮球运动正式登上了国际舞台。到了 20 世纪 40 年代末，进攻中的快攻、掩护、策应战术，防守中的盯人防守、区域联防等战术阵型配合，已被各国篮球队所采用。20 世纪 50 年代至 70 年代，篮球运动在世界各地广泛普及。随着技术、战术的创新发展，篮球运动规则与战术之间不断制约和相互促进。篮球竞赛开始成了巨人们的"空中游戏"，同时也形成了高度与力量结合的欧洲型打法和小、快、灵、准结合的亚洲型打法。20 世纪 90 年代以来，随着现代篮球的发展，出现了许多技巧表演，把这项运动的技艺表现得更加充实完美，战术打法更为简练实用，运动员的素质与掌握和运用篮球技术、战术的能力发生了质的变化，篮球运动的规则也更具有系统、简明和公平的特点，向着"高""快""全""准""变"的方向发展。

二、世界篮球运动的发展与展望

（一）世界篮球运动的发展趋势

1. 大众篮球运动进一步普及

篮球运动由于自身的特点、规律和功能，使它充满活力。为此 21 世纪大众性篮球运动将进一步在全球范围内普及，成为全球性社会文化和全民性健身强体、修德养心的工具和手段。篮球运动的开展将日益广泛，热爱篮球运动的各界人士将进一步支持、推广篮球。

2. 学校篮球运动的蓬勃开展

篮球运动的益智、健身、教育、宣传、社交功能越来越被各级教育行政部门和各类学校领导认同，积极开展学校篮球运动将成为活跃校园文化生活、展现学校声誉、增强师生体质、提高健身水平、陶冶情操、锻炼意志、修养品行、培养团队精神、增强使命感和荣誉意识的特殊教育形式。各种形式的业余篮球俱乐部将成为校园生活的基本社团组织。未来的优秀篮球人才将逐步由此启蒙、发展和提高。

3. 篮球职业化进程向全球推进

职业篮球比赛的特殊社会性魅力和经济效益，促使 21 世纪职业性篮球俱乐部将在全球范围内广泛建立，职业性竞技的商业化法制经营行为将日益完善，逐步形成一种新兴产业竞赛规则、竞赛制度和竞技方法的变革势在必行，观赏性、健身性、娱乐性、竞技性和科技性将成为篮球运动发展的主要因素。

4. 竞技篮球运动的群雄纷争

21 世纪，世界篮球运动竞技水平和实力将形成起伏发展的新格局，这是篮球运动的全球普及、发展、提高的趋势。然而，总体上欧美一些国家和地区在一个时期内仍将处于领先水平，但各国实力接近，排名将反复出现更迭。篮球运动的总体发展方向将依然是群体智慧、意识、形态、个性、修养、体能、技能等多因素综合实力的博弈与较量，攻守全面兼顾，个体与群体融合，高度与速度并驾齐驱，体能、作风、智慧与对抗技能高度统一，教练员与球员有机辅助，即带着创新意识，沿着同一趋势、不同流派、不同风格、不同打法的方向发展，形成百花齐放的发展景象。

5. 篮球运动理论与实践不断创新

现代科技对篮球运动的渗透，促使传统的篮球观念、篮球理论、技术和战术与训练手段产生新的变化。训练手段科学化，新的理论观点层出不穷，新的技术、战术不断产生，新的竞赛制度不断完善，新的规则不断充实、发展，形成从理论到实践的新结构、新体系。篮球运动在创新与发展的过程中形成个性化、集约化、技艺化、科技化和商业化，显现出竞技篮球运动当代化的科技氛围。

（二）世界篮球运动的发展展望

①篮球职业化、人文化、竞技化、观赏化、商业化将进一步加快。

②技术、战术将不断创新，攻防对抗更加凶悍，高度、速度与准确性的矛盾将更为突出。整体打法成为现代竞技篮球发展的一种趋势。

③篮球规则修改将不断激励对抗、倡导激情、鼓励运动员个体性和全队整体性技能和体能的协同发展。

④全场比赛将在一定的时间与条件下继续缩短攻防时间，对犯规的判罚规则将还有新的修正。

⑤球星的数量、质量及在球队中的地位将更为突出，其特殊影响力将进一步提高。

⑥比赛设施将会修整，场地区域划分也会有新的变化，进而在更大范围内、更快速度地移动来完成攻防对抗，攻守战术中的位置分工将更为模糊。

⑦体能中的身体素质（力量、弹跳和速度等），心理素质（价值观念、心理素养、意志品质和承受能力等），政治素质（爱国主义、集体主义、团队精神和荣誉观念等），智能素质（文化沉淀、文明程度、应变能力、篮球专项意识与实践水平等）将进一步提高。

⑧篮球理论与理念将不断更新，科研成果将广泛应用于篮球训练与竞技实践。篮球文化将在更广阔的范围内得以展现和深化。

⑨世界篮球运动格局以及优秀球队的区域分布将呈现不稳定性，国际大赛中的球队名次时有更迭。

⑩篮球竞赛形式更富有商业化、产业化特点，职业化进程将进一步加快。

当前篮球运动的现状从总的情况来看，随着世界篮球职业队伍参加奥运会比赛，推动世界篮球运动跨入了一个崭新的阶段。今后的发展趋势在"高""快""全""准""变"和"女篮男性化"基础上将更富有新意，技战术运用向技艺化的方向发展，相互融为一体。从而使人感受到篮球竞赛的球场越来越小，竞赛的时间越来越短，篮架越来越低，篮圈越来越大，球场变化越来越快，攻守队员身体接触越来越频繁，比分差距越来越高，女子与男子的对抗形式越来越难分伯仲的新趋势。总之，篮球运动发展的总趋势是向高比分、高战速、高空优势、高超技巧和激烈对抗的方向发展。空间优势已成为当代篮球运动攻防争夺的重点之一。

第二节　我国篮球运动的历史与发展

一、缓慢发展期

在中华人民共和国成立前，受多方面因素的影响和制约，我国篮球运动发展比较缓慢。总体来看，这一时期我国的篮球运动基本上处于一种放任自流的状态。经过近 10 年的传播，篮球运动才逐渐成为 20 世纪初大、中学校的主要体育活动并从学校传入社会。篮球运动得到了初步的发展和传播，并且逐渐开始举办篮球比赛，这也在一定程度上促进了我国篮球运动的进一步发展。1910 年我国举行的第 1 届全运会上，男子篮球被列为表演项目；1914 年第 2 届全运会上，男子篮球被列为正式比赛项目：1924 年，第 3 届全运会上，女子篮球被列为正式比赛项目。此后，在华北等地区性运动会上，篮球运动也被列为正式比赛项目。我国男子篮球队曾参加了 10 次远东运动会的比赛，并在 1912 年第 5 届远东运动会上获得冠军。1936 年和 1948 年，我国曾派篮球队参加第 11 届和第 14 届奥运会比赛。中国篮球协会于 1936 年奥运会期间正式成为国际业余篮球联合会成员。这是我国篮球运动的进步。

20 世纪 20 年代初期，我国篮球运动水平非常低下，直到 20 世纪 30 年代后，篮球技术才有了一定程度的发展，出现了多种多样的传球方式，有双手反弹传球、单手勾手传球和单手背后传球等。投篮方式也逐步增多，有单手定位投篮、单手勾手投篮、行进间单手投篮和转身跳起双手腹前投篮。运球技术也有所发展，如变向运球等。在战术方面，1927 年以后有了五人分区联防，1930 年，在我国第 4 届全运会上，上海队采用了人盯人防守和快攻的自由式打法。1935 年以后开始流行"8"字战术。这一时期，我国的篮球运动与军队、革命运动还有一定的联系。20 世纪 30 年代后期，在革命根据地，篮球运动已成为深受广大人民群众和八路军将士喜爱的运动项目。当时特别引人注目的是在国内享有盛誉的八路军 120 师师长贺龙和政委关向应亲自组建的"战斗篮球队"，以及抗日军政大学三分校以东北干部为主组成的"东北篮球队"。纪律严明、宗旨明确、体能良好、斗志顽强、打法泼辣、技术朴实是他们共同的特点，这使得革命军人的优良道德品质和战斗风格得到了充分的反映，并给根据地军民留下了深刻的印象。在这样的背景和形势下，我国的篮球运动得到了初步发展。1945 年抗日战争胜利后，天津、北京、上海以及东北等地区涌现出不少新的篮球队。中华人民共和国成立后，我国体育事业的蓬勃发展和群众性篮球运动的普及为篮球运动水平的迅速提高奠定了坚实的基础。

1948 年，中国参加了在英国伦敦举办的第 14 届奥运会篮球比赛，本届比赛共有 23 个国家参加，最终经过激烈角逐，中国队获得第 18 名。这成绩虽然不能算是理想，但是对于起步较晚的中国篮球来说，让人们看到了发展的前景和希望。

二、普及复苏期

中华人民共和国成立后，篮球运动受到政府和领导的高度重视。在"普及与提高相结合"的方针指引下，篮球运动在我国也得到了广泛的开展。20 世纪 50 年代初，中央体训班篮球队在北京成立，这对我国篮球运动水平的提高具有重要的意义。为加强我国篮球运动同其他国家之间的交流。

1950 年 12 月 24 日，苏联国家篮球队访问了我国北京、天津、上海、南京、广州、武昌、沈阳、哈尔滨 8 个城市，与这 8 个城市中的多支队伍进行了共 33 场比赛，比赛结果是我国球队输掉了绝大部分比赛。这次篮球交流和对比，直接暴露了我国篮球竞技水平整体较为落后的状况。为了摆脱这落后局面，主管部门采取了一系列的措施，具体来说主要包括：进一步加速组建专业队伍，学习先进经验和打法，更新束缚自己的传统观点，积极参加国际比赛。经过一段时间的努力，篮球运动在短期内取得了显著的成效，并且在国际交往中战胜了不少欧洲强队，也出现了一些优秀的篮球运动员，如黄柏龄等优秀运动员的技艺表演在中国篮球历史上写下了光辉的笔。不久，各大地区都组建了篮球集训队，这也预示着中国的篮球运动进入一个新的发展时期。

自 1955 年全国篮球联赛制度开始实行以后，我国篮球运动开始有了不同阶段的训练指导思想，并建立了相对稳定的分级竞赛制度。1956 年，我国曾多次召开篮球训练工作会议，明确提出"积极、主动、快速、灵活、准确"的训练方针，从此以后，我国篮球运动开始走上有计划的系统训练道路，技术水平也得到极大提高。在以后举行的篮球比赛中，我国篮球运动员都取得了较为理想的成绩，并且逐渐形成了自己的独特风格。1959 年，我国举办的第 1 届全国运动会篮球比赛中，四川男队、北京女队分别获得冠军。当时，我国篮球在技术、战术上逐步形成了以"快攻""跳投""紧逼防守"为制胜法宝的独特风格。经过多年实践，在总结我国篮球运动发展历程和对比世界篮球运动发展现状的基础上，确立了篮球运动的训练指导思想，使我国篮球运动在思想建设、理论建设、队伍建设、赛制建设、科学研究等方面有了明确的目标和方向。1966 年，我国篮球运动已接近世界先进水平，战胜了不少欧洲强队。但经历 1966 — 1976 年这段时间之后，我国的篮球运动再次陷入了低谷时期，与篮球发达国家的差距进一步加大。

1972 年，我国举行了全国五项球类比赛大会，同年年底，篮、排、足三大球训练工作会议在北京召开，会议提出了"积极主动，勇猛顽强，快速、灵活、全面、准确"的技术风格。1975 年，中国篮球协会在亚洲业余篮球联合会取得了合法席位，次年，国际业余篮球联合会通过决议，恢复中国篮球协会的合法席位，并承认中华人民共和国篮球协会是中国唯一合法组织；1979 年，我国实行改革开放政策，我国篮球界深化改革，严格训练，严格管理，篮球运动进入最佳发展时期，在世界性及洲际性竞赛中不断获得优异成绩。然而20世纪90年代中后期，由于种种原因，我国男、女篮球队在国际大赛中成绩不尽人意，呈滑坡状态。

三、改革创新期

20世纪90年代中期以后，随着市场经济的不断发展，以及改革开放的逐步深入，人们的思想观念发生了重大的变化，在此影响下，我国篮球运动也进入了市场化的快速发展道路。1995年，在国家体委"坚持正确方向，抓住有利时机，继续深化改革，发展体育事业"的精神指导下，坚持篮球运动"积极稳妥，健康有序"的改革方针，及时有效地抓住了外商注资的契机，与外资集团合作。在1996年创造了我国职业化联赛的开端，也是一次大胆的改革尝试，即举办了由前卫体协、吉林、北京体师、上海交大等8个省市、部队、学校组队参加的男子"职业"篮球联赛（当时称CNBA职业联赛），但遗憾的是，这个联赛开始不久后就因故暂停了。此后，中国篮协认为联赛是国家篮球水平的基础，决定再一次对联赛竞赛制度进行改革，并以全国男篮甲级联赛赛制改革为基础，以职业化、商业化为导向，全面加速篮球竞赛体制改革的进程。1997年，国家体委成立了篮球运动管理中心，这在篮球运动的管理体制改革上迈出了重要的一步。随后把传统的全国甲级联赛改为中国男子篮球职业联赛（China basketball association，CBA），简称中职篮。通过5年的改革实践和努力，我国篮球事业拥有了新的生机和活力，不仅摆脱了初始阶段的困境，而且还展现出更为广阔光明的发展趋势。CBA联赛的成功吸引了各个年龄段的篮球爱好者和社会的关注，特别是在球队实力接近、比赛悬念丛生的2000—2001赛季中，以"小巨人"姚明、"追风少年"王治郅、"战神"刘玉栋和"虎王"孙军等人的出色表现，有效地扩大了中国篮球联赛和中国篮球在世界的影响力。

21世纪后，我国篮球运动的产业化发展步伐进一步加快，开始迈出职业化、产业化发展的新步伐。截至目前，我国男子篮球职业联赛的发展已有20多个年头，在这20多年里，我国职业篮球从最初的不完善，到现在成为影响力较大的篮球联赛之一。由此可见，我国篮球运动发展的势头良好，有着非常广阔的发展前景。

第三节　篮球运动教学概述

一、篮球运动教学原则

（一）自觉积极性原则

所谓自觉积极性原则是指在教学过程中，教师通过各种措施，激发学生自觉学习篮球运动知识的欲望和练习的积极性，从而发挥学生主动性和创造性的原则。教学中贯彻自觉积极性原则，是由教与学的双边活动中学生是学习的主体这一因素决定的。目的是要充分调动学生的学习主动性，引导他们积极思考，勇于探索，刻苦练习，自觉地掌握篮球理论和篮球技术、战术，提高他们观察问题分析问题和解决问题的能力。在篮球教学实践中，教师要运用设疑、联想、比较、形象等方法，启发学生积极思维，以提高学生的运动能力和思维能力为核心。教师要根据教学任务和具体条件，严密组织整个教学流程，科学地安排各个技能的学习顺序，使学生充分理解每个技能战术的要领、用途、运用时机和动作的变化等，提高学生学习的积极性；并且通过对技术动作的生物力学和运动学分析，使学生掌握正确技术动作的概念和动作方法；根据篮球攻守对抗规律，使学生掌握技术运用和战术方法。同时，教学中要保护和进一步培养学生对篮球运动的兴趣，教师要积极钻研教材、教法，注意教材内容的多样性、系统性和实用性，并适当增加一些竞赛性的内容，以提高学生的学与兴趣，使学生对篮球运动的兴趣转化为执着的热爱从而使学习的积极性更高更持久。

在篮球教学中，要各位注重民主平等师生关系的建立，从而创造出一个生动和谐的教学环境也是很重要的。教师要成为班级教学活动中具有主导作用的一分子，平等对待学生，坚持正面教育和以表扬为主，发扬教学民主，宽严适度，尤其对基础较差的学生要倍加爱护和帮助，使每一个学生的学习潜力都得到发挥。

（二）直观性原则

直观性原则是指在篮球教学中利用学生的感官和已有经验，通过视觉、听觉和肌肉本体感觉等各种形式的感知，丰富学生的感性认识，使学生获得生动的表象，从而更快掌握所学的知识、技能，并培养学生的观察、思维能力的原则。在篮球教学中，直观性原则具有重要的意义。篮球教学过程是学生认识和掌握运动技能的过程，教师正确的讲解示范，有助于学生建立正确的动作表象，对形成正确的动力定型非常重要。篮球教学中经常使用的直观教学方式有动作示范、沙盘演示、电影、录像、技战术图片等。在篮球教学中贯彻直观性原则，首先要有明确的目的和要求。教师要根据教学的任务和教材的特点以及学生的情况，有的地使用直观教学方法。可以把学生的动作录像重放，与正确技术进行比较，以纠正学生的错误动作。对学生进行战术教学时，宜用沙盘演示，或用生动形象的语言进行讲解。运用多种直观形式和手段进行教学。运用挂图、图片、图表、观看比赛、电影、幻灯、录像等手段，使学生感知动作的表象以及动作过程中的时间与空间的关系，从而提高教学的效果。生动形象的语言具有直观的作用。这就要求教师在讲解、提示、指导时要具有启发性，并能联系学生已掌握的有关知识、技能，用生动形象的语言，通过分析、比较等方法，使学生较快地理解动作的要领和完成的方法。

（三）实效性原则

在篮球教学中贯彻实效性原则，就是要从学生的实际情况出发，紧紧抓住教学中的主要矛盾和矛盾的主要方面，解决教学中的重点和难点问题，以教学场地、设备、器材、气候等实际条件为基础，力求符合学生的年龄和身体素质发展水平等。同时提高教学的艺术性，教法要简单易行，讲求实际效果，在有限的教学时间内，达到既能使学生掌握知识技能，又能增强体质和提高能力的效果。贯彻实效性原则，就是要注重实际效果，不追求表面效应，力求全面准确地把握教材内容，深入地分析技术战术内涵，把握事物的本质，抓住关键，解决好难点和重点问题，带动一般性问题的解决。比如在移动技术教学中，抓住了身体重心的控制和转移、维持身体在移动中平衡的这个关键技术，其他移动方面的问题就不难解决。在投篮技术教学中，抓住投篮手法这个关键技术，可以带动投篮技术的学习。

在教学中贯彻实效性原则就要求不断研究改进教学方法。要深入调查研究，真正了解学生的思想状况、身体条件、技战术特点、个性特征、家庭背景等各方面的情况，以便能采取有效措施，做到既有统一要求，不能区别对待；要深入研究教材和教法，充分利用现代化的教学手段。在技战术教学中，要精讲多练。"精讲"是在深入分析教材和学生实际的基础上实现的，"多练"就要设计符合篮球运动特点和学生实际水平的练习方法，给学生更多的实践机会。

（四）循序渐进原则

循序渐进原则是指篮球教学的内容、方法和运动负荷的安排必须符合人的认识规律、符合动作技能形成规律和人体生理机能活动变化规律，真正做到由简单到复杂，由低级到高级，由单一向综合发展，使学生循序渐进地掌握基本知识、基本技术战术和基本技能，形成严密的逻辑思维体系。贯彻循序渐进原则就要求教师在安排教学内容，组织教法时，应遵循由浅入深、由易到难，由已知到未知不断递进的原则。同时，还应注意易与难、简与繁、浅与深的结合，对易和难、简和繁、浅和深的把握应结合学生的特点和现实条件全面考虑。比如，移动是篮球运动的技术基础。在安排基本技术教学时，要先学习进攻移动，后学习防守移动。在此基础上再学习运球、传接球、投篮、持球突破、抢篮板球、防守等基本技术。只有全面地掌握了基本技术，才能学习战术基础配合和全队战术。同时要求教师要注意教学方法的系统性，根据动作技能形成的规律，从认知定向阶段（泛化阶段）、巩固提高阶段（分化阶段）到熟练阶段（自动化阶段），都要依据动作技能形成的阶段性特点来组织教学。所以，教学中必须注意教学的阶段性特点，并针对不同阶段采取不同的教学方法。篮球教学中贯彻循序渐进原则，还要注意合理安排运动负荷。疲劳是运动过程中必然要出现的。疲劳在技术教学和训练中有其积极的意义，没有疲劳就没有超量恢复。因此运动负荷要由小到大，有节奏地合理安排。随着运动技术、技能的不断熟练，可以逐步增加运动的强度和负荷量。但是，过度疲劳也同样不能达到促进健康、提高身体素质和技术水平的目的。因此，根据学生的身体状况、教学内容、场地、气候等综合因素来合理安排运动负荷，是完成篮球教学任务所必须注意的。尽管上述各教学原则具有相对的独立性，但是它们并不是孤立存在的，而是有相互联系的有机整体。所以只有全面综合地运用各个教学原则，发挥教学原则的整体功能，才能顺利解决教学过程中一系列的问题，更好地指导教学实践。

二、篮球运动教学方法

（一）常用的教学方法

1.讲解示范法

讲解示范是篮球技、战术教学中的重要环节。讲解的内容包括技术动作的名称、概念、作用、技术结构、技术要领、技术关键等。讲解要简要、生动、形象化。讲解要突出重点，既要注意技术原理的分析，又要启发学生的思维，语言要生动形象，使学生易懂、易记。然后做出正确的示范，示范的目的是为了让学生建立正确的技术动作表象。示范时既要注意动作的规范性，又要使学生都能清楚地看到示范的全过程。对于复杂的技术动作和战术配合，则要反复讲解示范，并启发学生积极思考，更快领会动作的要点。

2.完整与分解相结合的教学法

篮球教学过程中，应根据不同的阶段和条件以及不同的对象，采用完整或分解教学法，但要注意二者的结合。通常情况下，开始学习新动作时，采用完整教学法，保证动作的完整性、连贯性，使学生形成整体概念。而较复杂的动作、战术配合，则采用完整分解结合法。战术教学通常是先完整讲解示范，使学生清楚布阵、移动路线、配合时机、协作方法等，再进行分解教学和练习，使学生逐步掌握整体战术配合。

3.指导纠错法

发现错误是纠正错误的前提。这就要求教师要有对错误的观察和判断能力，这种观察和判断能力来自对篮球技术战术的深入研究，来自多学科理论能积累，来自长期教学经验的总结，来自对教学工作的敬业精神。这就要求教师在教学中应注意观察，及时发现学生的错误动作，分析产生错误的原因，寻找纠正方法。纠正时应针对具体情况，抓住主要矛盾，采取有力措施时纠正。可采取简化练习条件、形式，或进一步分析动作，或采取辅助性的慢动作练习，以便使学生尽快掌握正确动作，形成正确的动力定型。

（二）现代教学方法

1.发现教学法

篮球运动教学中的发现教学法，是指在教师指导下，学生身临教室创造的学情境，通过主动的观察、分析、休会、归纳等学与活动，独立发现问题、解决问题的过程，并在知识的定向作用下，通过有序的练习形成运动技能，培养良好的发现学习习惯，使知识、技能和能力都得到发展的一种方法。这种方法的特点是在教学活动中使学生处于相对主体的地位，在观察与体会中发现和学与新的知识，掌握新的技能。

2. 掌握学习法

"掌握学习"理论是以"人人都能学习"这一信念为基础，以"基本能力和能力倾向各有差异的学生形成的学习集体"为前提，以"传统的集体教学方式为核心，通过有序的个别化教学活动，使绝大部分学生达到既定教育目标，实现教学的大面积丰收的开发性教学方法。掌握学习法的实质是群体教学，并辅之以每位学生所需的频繁的反馈和个别化的矫正与帮助。

3. 程序教学法

程序教学是把教材分成连续的小部分，严格按照逻辑编成程序的一种自动教学活动体系。在程序教学中，学生的自学是在教师为其设定的程序中进行的，教师实施"导"的主要手段是为学生编制适合他们学习的教材—练习程序。运用程序教学法，学生学习的主动性和积极性较高，它把发挥学生的主体作用与具体的教学理论有机地结合起来。学习是在反馈与强化控制作用下进行的，具有适应性等特点。

（三）分层升降教学

所谓"分层升降教学"，就是在教学中，遵循因材施教原则。在分析教材的知识结构与学生心理、生理发展的基础上，依照学生自身的具体情况，把他们分成几个不同层次水平分别进行教学，在学生学习过程中，对他们所学习的内容进行考查，在原有的层次基础上，对技术动作提高较快的学生上升层次继续学习，对技术动作掌握不够的学生则降一层次学习，这种循序渐进地达到教学目标的一种教学组织形式。"分层升降教学"是教师给同一水平的学生一起学习的机会，体现了因材施教原则，极大地调动了每个学生学积极性，使所有学生都能得到更大的发展。分层升降教学的优势有如下四种，其分别是：分层升降教学体现"因材施教"的教学思想，其有较好的教学效果；分层升降教学使学生掌握全面的篮球技术，提高他们的专业水平；分层升降教学利于培养学生学习兴趣，激发他们的学习动机；分层升降教学有利于促进学生快速发展，提高他们的交际和社会适应素质。

（四）激发学生学习篮球兴趣的方法

1. 生动形象的讲解激发兴趣法

生动形象的讲解在现代教育教学活动中具有不可忽视的地位。生动形象、富有艺术情感的讲解是培养兴趣的向导前提。教师如果在教学中能运用准确、生动、简洁、明快、引人入胜和逻辑性很强的语言进行讲解，这样对于感染学生兴趣是非常重要的。大学生最怕下巴啰唆的一些套话。所以，不断学习提高语言表达能力，使用形象化的语言，就成了每一个教师必备的一项基本素养。因此教师在教学中讲解动作时，应力求突出重点和触类旁通，并尽量通过准确精练的语言和恰当的比喻把一些抽象的概念使之具体、生动和形象。在篮球教学中，绝大多数的体育教材都具有强烈的生活气息，在客观上给体育教学的讲解，提供了丰富生动形象的语言基础。只要教师运用得巧妙，不仅有助于提高学生对技能、技术动作的理解能力，而且也易于培养和激发其学习积极性，使他们记得牢、想得到，联系得上，兴趣高。

2. 篮球游戏激发兴趣法

篮球运动起源于游戏，本身具有游戏特点和功能，受到越来越多的大学生喜爱。高校篮球教学中，进行篮球游戏教学会强化学生的学习兴趣，因为大学生在对某一事件产生强烈兴趣的时候，就会集中精力主动地去做好。在篮球教学中，大学生对于感兴趣的学习，可以更持久和集中注意，学习时积极主动。即使碰到各种困难，也会想办法努力克服，并产生愉快情绪。因此，将篮球游戏与篮球教学紧密地结合，笑声、击球声不断；并且在不知不觉中达到了激发兴趣的教学目标，会收到良好的教学效果。大多数青少年喜欢篮球活动实际上是喜欢篮球运动带来的乐趣，也通过篮球游戏结交朋友、娱乐身心、享受篮球运动乐趣。一些心理学研究表明：学生获得好成绩的诸多因素中，兴趣占25%，而在学习失败的诸多因素中缺乏兴趣占35%。因此，兴趣是学生学习积极性的源泉。在篮球教学过程中恰当地安排游戏能十分有效地调动大学生学习的积极性，能够让大学生在学习篮球技术的过程中享受篮球的乐趣，在兴奋中掌握篮球技术，促进篮球教学效果的提升。

3. 美学激发兴趣法

在篮球教学中，培养学生对美的追求与欣赏是培养兴趣的重要手段。在许多篮球比赛中，可以体会到美感无处不在，而现代大学生又很善于模仿，篮球运动员所表现出的高超技艺，会成为学生们争相模仿的对象。要使学生想产生"我要学好篮球"的心理愿望，应该从宣传篮球的美感上下功夫，这使大学生产生积极主动的心理准备，大学生的好奇心也会不断增强，会产生跃跃欲试的冲动。引导大学生欣赏篮球艺术的境界。这样，大学生的篮球学习兴趣在无形之中被引导起来。在教学过程中美学因素非常重要，包括教学环境和教态仪表的美化、讲解时生动形象的语言、示范的轻松优美，都会大大激发大学生参加锻炼的动机与欲望，培养大学生对美的追求与欣赏。

4. 比赛激发兴趣法

采用篮球比赛教学也是一种激发学习篮球运动兴趣的重要方法，大学生具有争强好胜、喜欢表现的心理特征，当他们学习了新的篮球基本技术之后，都期待能够在比赛场上展示出来。篮球比赛能够大大地调动学生学习篮球基本技术的积极性，也对提高大学生学习兴趣及活跃课堂气氛都有十分重要的作用；举行比赛满足了学生心理要求，又不断检验了学生的学习成效，巩固了教学效果。同时也增进了同学之间和班级之间的友谊，培养集体主义精神等优良道德意志品质以及提高终身体育意识都具有极其重要的意义。当然，篮球比赛教学法也可以提高兴奋性，使大脑达到良性兴奋状态的作用，使学生放松紧张的心理状态，更加使精神高度集中，最大限度地发挥出自己的能力，挖掘自己的潜力，促进学生全面发展。

5. 创设情境激发兴趣法

教师在篮球教学中向学生描述教学问题情景，分析教学疑难情景，把概括的疑难情景作为探究的出发点；教师的作用就是帮助学生理顺所探究问题的逻辑结构，帮助学生形成一套有效的探究策略，教师在教学中要尊重学生学习的选择性、能动性、自主性、创造性和学生的独立人格，这是教学的基本准则，也是教师对待学生的态度，应当把学习的主动权交给学生，善于激发和调动学生的学习积极性，留有学生自主学习的时间和空间，使他们有充分的准备主动参与教学活动，积极思考，亲身实践。

第四节　篮球运动教学的理论基础

一、篮球运动教学理论

（一）篮球运动教学理论概述

1. 认知心理理论

在学习篮球技术的过程中，首先要通过人的感觉器官直接感受学习的篮球技术动作，形成运动感知觉。通过反复练习，再形成运动表象。运动感知觉、运动表象都还属于感性认识，还必须经过分析、综合、比较、抽象和概括等理性思维活动过程才能把握所学动作的本质及内部联系，才能更好地完成动作，形成运动技能。篮球技能形成的心理学分析可概括为动机、探索、练习、发现原理和熟练过程。

2. 动作技能学习理论

关于篮球运动技能的形成理论，我们一直沿用传统的泛化、分化、自动化学说，认为从开始学习到熟练掌握动作包括发动认知动作阶段、粗略掌握动作阶段、改进提高阶段和巩固稳定自动化阶段。学习和掌握篮球运动技能的过程，其生理机制是以大脑皮层为运动基础的运动条件反射暂时性神经联系，本质就是建立运动条件发射的过程。

3. 生理机能变化理论

在身体练习过程中，人体生理机能活动变化的规律是由相对安静状态逐步进入工作状态，人体工作能力由逐步提高进入到最大限度水平，之后又逐步降低。经过长期的身体活动练习，既能提高篮球运动技能和身体素质，又能使身体的运动机能能力得到适应性改善。

4. 篮球运动技能开放性与对抗性理论

篮球是同场竞技类对抗性项目，其技术的运用取决于实战中攻守关系的变换，没有固定的操作程序，因此，篮球技能属于开放性运动技能（又称非周期性技能）。在教学过程中，必须遵循篮球运动技能学习与认知规律，采用适应的学习方法，把培养快速应变能力、对抗能力、配合能力以及意志品质放在核心地位。

（二）篮球运动教学过程与特征

篮球教学是学校体育的重要组成部分，是实现学校体育目标的基本组成形式，是教师的教和学生的学的统一活动。篮球教学过程是一个多目标、多层次、多形式的过程。从认识论角度看，篮球教学过程是一个特殊的认识过程；从结构论角度看，篮球教学过程是在传授篮球知识技术和发展体力的基础上最大限度地培养学生篮球运动的能力、发展学生智能和体能的多层次的动态变化过程；从教育心理学角度看，篮球教学过程是以学生认知为基础的全面心理活动过程和以能力为核心的统一培养、塑造个体发展过程；从运动生理生化角度看，篮球教学过程是遵循人体机能活动变化规律和人体运动适应规律，发展学生体能的过程；从社会学角度看，篮球教学过程还是对学生进行思想品德教育和审美教育，完善学生个性的社会性教育过程。

由于篮球运动的规律性而形成的篮球教学具有以下特征：一是篮球教学活动的双边性。篮球教学是实现体育教学目的和任务的基本途径，是以篮球教学内容为中介，以学生身体参与为特征，师生在教与学两个方面的双边活动。二是篮球教学的教育性。篮球教学是在教师的指导和学生的参与下，学生按照教育方针和篮球教学大纲的要求，锻炼身体，增强体质，学习和掌握篮球基本知识和技能，培养思想道德品质的有目的有组织的教育过程。三是篮球教学的技能传习。篮球教学是在体育教师和普通学生之间开展的篮球技能传习活动，是在学生和教师的共同参与下，有目的、有计划的认知、身体练习与情感交流活动。

二、篮球运动训练理论

（一）周期训练理论

周期训练理论，是训练安排和制订训练计划的基础。周期训练理论的提出源于人们对运动训练规律的深刻认识，其依据是训练适应性的形成规律、竞技状态发展规律、疲劳与恢复规律。周期性运动训练过程以循环往返、周而复始的方式进行，每一个循环往返不是简单的重复，而是在前一个循环的基础上不断提高训练的要求，从而使运动员不断提高竞技能力与水平。

1.训练适应原理

训练适应具有普遍性、特殊性、异时性和连续性等特性。①普遍性：指机体在形态、机能、运动素质、技术、战术和心理过程等方面都能发生训练适应现象。②特殊性：机体对训练适应的特殊性表现在不同性质的运动负荷，可引起特殊的适应性变化。③异时性：机体由于运动训练而产生适应性变化需要一定的时间，而机体各个方面的训练适应现象出现的时间也有所不同。机体在运动训练时，机能上适应性变化往往先于结构的变化。④连续性：机体各方面训练适应的形成具有连续性，由于机体在形态机能、运动素质、技术、战术、心理等方面的适应具有异时性的特点，便导致机体全面适应以渐进积累的方式而形成。机体对某一运动负荷形成了训练适应之后，机体的反应会越来越小，最终这种负荷便不再能引起竞技能力的提高。为了使机体各方面的训练适应进一步发展，就要不断增加运动负荷。负荷提高后，机体能够产生一个新的适应过程，使竞技能力进一步提高。

2. 竞技状态的形成原理

竞技状态的形成与发展是一个连续的发展演化过程，主要包括以下几个阶段。第一阶段，初步形成竞技状态阶段。此阶段又分为两个小的阶段，前一个阶段为"形成竞技状态前提条件阶段"，前提条件包括有机体机能水平不断提高，运动素质得到全面发展，专项运动技术、战术的形成和心理素质的初步养成。后一个阶段为"初步形成竞技状态阶段"，这一阶段形成竞技状态的前提条件是具有了专项化的特点，彼此有机、和谐地结合起来，形成了一个完整的统一体，基本上形成了竞技状态。第二阶段，发展和保持竞技状态阶段。这一阶段的主要任务是进一步发展和保持竞技状态，并使运动员在参加重大比赛前，通过赛前调控和热身赛等手段，达到最佳竞技状态。第三阶段，竞技状态暂时消失阶段。此阶段中竞技状态暂时消失，运动员进入调整、恢复阶段，并为进入下一次竞技状态周期做好准备。

（二）训练调控理论

1. 超量恢复原理

超量恢复是对未来重复进行较大运动负荷时能源物质再一次耗尽的一种预防性、保持性机制，是机体对运动负荷产生训练适应的第一阶段。它对训练调控具有重要的理论意义和实践意义。在运动训练中，这一理论已经得到了广泛的运用，如间歇训练的休息时间的掌握，就是根据恢复原理和规律，选择反应的时间，使间歇休息中，物质能得到一定程度的补充，既能保证刺激强度，又能为进一步运动提供物质保证。

2. 应激性原理

应激学说应用于篮球运动训练中，不单是为了防御机体的衰竭过程发生，避免过度训练，更重要的是在于对运动负荷后恢复期中如何改变酶的活性和细胞的通透性，从而对恢复过程进行调整，以加强合成代谢，加速适应的过程。因此，在运动训练中，不但要掌握应激过程中肾上腺皮质系统的活动，也要充分提高垂体性腺系统在合成代谢中的机能，这是当前应激系统在运动训练中应用的发展。

3. 恢复性原理

身体机能在运动活动之后的恢复过程具有时值不等现象，即机体各种机能的恢复和超量恢复不是同时发生的。根据恢复过程的规律，在运动训练实践中会出现两种不同的恢复类型。一种是完全恢复，指负荷后人体机能恢复到或超过原有水平时进行下一次训练。完全恢复用于下列训练过程：①协调和注意力集中训练；②最大力量训练；③反应和速度训练；④技术训练；⑤比赛练习。另一种是不完全恢复，指负荷后人体机能已大部分恢复，但尚未达到原有水平时进行下一次训练。不完全恢复用于下列训练过程：①速度耐力训练；②力量耐力训练；③专项耐力训练；④意志力训练。

4. 运动负荷训练原理

运动负荷具有以下几个共同的特征：①运动负荷内容的目的性与选择性，任何负荷结构都有它一定的目的性和功能特点，根据训练任务和目的来选择；②运动负荷调控的综合性，同一个总负荷可以由不同的量和强度组合而成；③运动负荷的个体性，由于运动员的生理机能、素质、技术和战术要求的不同，他们所承受负荷的能力也不同，因而安排的运动负荷应具有明显的个体特点；④负荷量度的定量性与等级性，负荷的表示有两种方法，一种是以大、中、小等定性方式表示，另一种是以具体的定量方式表示。在训练中，为了提高负荷调控的精确性和科学性，越来越趋向各负荷量度的定量化；⑤负荷的动态性。运动负荷是一个持续的过程，这与训练过程的持续性直接有关。运动负荷表现出的动态性有以下几个特征：负荷的连续性与系统性、负荷的节奏性、负荷的周期性；⑥负荷的可监控性，运动负荷的定量化特点表明了运动负荷的可监控性，训练计划中要求有反馈调控，所以必须确定各训练过程的监控指标与训练水平的评定指标，建立相应的负荷监测。

第五节　篮球运动教学的价值

一、篮球运动对大学生身体健康的影响

"健康不仅仅是没有疾病和痛苦，而是包括身体、心理和社会适应方面的完好状态。"可以看到人的健康是由身体、心理和社会适应能力三大方面组成的。在身体健康方面，体育锻炼对身体形态和身体机能有重要的影响。人体的形态是以骨骼为支架，关节为支点，肌肉为牵拉（收缩）动力进行的身体塑造。经常参加篮球运动，会对人体骨骼、肌肉和身体成分产生重要影响。从篮球运动对运动员身体素质的各项要求并结合一些实际案例我们反推出了长期从事篮球运动能够很好地促进人的骨骼和肌肉生长，以及心血管功能和各项身体机能的提高，对于人的身体素质是有综合性提高价值的。

二、篮球运动对大学生智力思维的影响

（一）提升学生的智力水平

古希腊格言说："如果你想强壮，跑步吧！如果你想健美，跑步吧！如果你想聪明，跑步吧！"著名教育家斯宾塞说："身体既是心智的基础发展心智不能使身体吃亏。"可见，体育锻炼对于人智力的积极影响是得到公认的。很多体育项目尤其是团体类项目例如足球、篮球、排球等都对参与者的智商有较高的要求。大量的研究也表明了适当的体育锻

炼是有助于智力发展的。篮球运动作为体育运动中趣味性最强复杂性最高的项目之一对于球员的智力水平一直有着较高的要求，2009 年，全美著名智商研究网站 "IQ 测试网" 曾经对 NBA 球员的智商进行了测试，姚明的智商高达 132，而奥尼尔的数值是 131，科比、詹姆斯、凯文·加内特则分别是 128、126 和 126 这些都是联盟公认的篮球智商比较高的球员，普通人智商范围则在 80 ～ 120 之间，而且测试也显示很多优秀篮球运动员都拥有较高的智商指数，可以看出较高智商是成为一名优秀篮球运动员必备条件，这也是篮球运动本质要求的体现。

（二）提高学生思维能力

思维是指人用头脑进行逻辑推导的属性、能力和过程。思维能力是通过分析、综合、概括、抽象、比较、具体化和系统化等一系列过程，对感性材料进行加工并转化为理性认识及解决问题的能力。思维的发展受到身体和大脑的多方面影响。体育运动曾被误解为 "纯粹的身体活动和机械的动作"，很多年来被认为与大脑思维关系微细甚至无关，随着现代体育的发展研究证明，体育运动是身体和大脑的有效结合，任何技巧都需要大脑的参与和支配，而且从事体育运动也可以对于大脑的思维能力有一定的提升，尤其是团体运动的发展和战术的增多更是对运动员的思维能力要求大大增加。篮球运动技术繁多，战术变化莫测，更是有诸多规则限制和约束，运动员在场上随之都要保持大脑的高速运转，对全方位多角度传来的信息进行思考和分析，结合自身能力和知识进行瞬间判断，长期从事篮球运动对于学生的思维发展是很有帮助的。

三、篮球运动对大学生心理健康的影响

（一）篮球运动有助于创造良好的情绪体验

情绪状态是衡量体育锻炼对心理健康影响的最主要的指标。人生活在错综复杂的社会中，经常会产生忧愁、紧张、压抑等情绪反应。篮球运动可以转移个体不愉快的意识、情绪和行为，不仅可以使人摆脱烦恼和痛苦，而且能够给人带来快乐和成功感。

（二）篮球运动有助于减轻不良的焦虑状态

篮球运动是集体运动项目，它具有明显的团队协作性特点，使参与者在全队训练与比赛过程中必须要进行各种形式的沟通（包括语言、手势和表情等）。这就为大学生参加篮球运动，提供了队友之间自然接触、自然交流的机会。通过进一步沟通，不仅可以增进理解，促进相互信任、相互鼓励，调节情绪，振奋精神，增加愉悦感，而且这种积极的情绪状态。可以使人自信、自尊、自豪、自强，并使烦恼、焦虑、抑郁、自卑等不良情绪得以缓解甚至是解除。

（三）篮球运动有助于塑造健全的人格精神

参加篮球运动可以培养大学生充沛的体力和精力，良好的心理承受能力，公平的竞争

意识，广泛的社会交往能力，以饱满的精神面貌去应对学习和生活中的困难。参加篮球运动可以培养大学生团结互助、顽强拼搏乐于奉献、积极进取的优良品质。参加篮球比赛，不仅是大学生身体和技能的较量，也是智慧、意志和协作精神等综合素质的竞争，同时也是学生个体之间、团体之间相互学习、彼此沟通的场所。篮球场上大学生们表现出来的克服困难、勇于创新的精神，科学、文明和健康的生活态度，以及热爱美、表现美和追求美的情感与能力，都是当代大学生精神面貌中所应有的基本内容。

四、篮球运动对大学生审美能力的影响

著名教育学家席勒·斯宾塞认为审美活动起源于游戏，"审美活动起源于人类所具有的游戏本能，一方面是由于人类具有过剩的精力，另一方面是人将这种过剩的精力运用到没有实际效用、没有功利目的的活动中，体现为一种自由的游戏"，这一理论可以把审美和体育结合在了一起，体育这种"游戏"也可以理解为一种审美活动，自然进行体育活动对于人的审美能力是有影响的。审美能力是现代人的重要文明素质之一，这里的美并不单单指形态美，还包括了思想美、道德美、社会美、真善美等很多方面，每个人的审美能力和视角是和其实践经验密不可分的，同时又受到教育、社会、家庭、政治等多方面的影响和制约。学生的审美能力是指学生对身边的艺术品和生活中美的事物的外在形式、结构和内在情感、意蕴的感知、想象、理解等多种心理功能有机结合而成的一种能力。

五、篮球运动对大学生社会适应能力的影响

（一）篮球运动对社会价值观念的影响

在现实生活中，同样的事物对有的人有价值，对有的人则没有价值。人们在认识事物及其属性的基础上，从自身需要出发，确定各种事物的价值大小，从而确定人们活动的价值取向。篮球运动对大学生社会价值观念的影响体现在以下三个方面：①篮球运动有助于培养创新意识与领导能力；②篮球运动有助于培养合作意识与竞争能力；③篮球运动有助于培养沟通意识与组织能力。

（二）篮球运动对社会规范行为的影响

篮球运动是一项讲求规则的运动，参与者都要在比赛规则的约束下进行配合与对抗。篮球比赛中贯穿的体育道德精神有助于规范个体行为，从而使人获得对现代社会生活方式的模拟与演练，以培养人们形成健康文明的社会行为习惯。在篮球运动中，每位参与者都负担着不同的角色，每个角色都有各自的分工、各自的位置和各自的任务。在很多情况下，篮球战术需要调整，场上运动员的位置也就需要进行调整，相应的任务就会出现变化，角色的功能也随之发生变化。通过在篮球比赛中担任不同的角色，以及经常出现的角色转移，可以使参与者理解篮球场上角色定位和角色转换的心理体验。同样，社会角色的定位与角色的转换也是根据社会的需要确定的，它是与人们的某种社会地位和身份相适应的。在很

多情况下，角色如果发生了变化，人的心态也要随之进行调整。经常参加篮球竞赛活动，将有助于理解角色的含义，尽快地适应周围环境，并能通过自身的努力，适应不同的社会角色。

（三）篮球运动对现代生活方式的影响

生活方式受一定社会生活条件的制约，从而使生活方式留下时代的印记。现代科学技术在为人类提供现代化的工作和生活条件的同时，也给人们带来了更多的心理刺激。一个人如果不能适应快节奏的现代社会生活，就会在生理上或心理上出现障碍，最后将导致"现代文明病"的发生与体质的下降。篮球运动对现代生活方式的影响体现在以下三个方面：①篮球运动是一项集体运动，它对团队内每个成员在训练方面是有一定要求的，这些基本要求都有利于规范大学生的作息时间，保证必要的营养等。因此，经常参加篮球运动有利于培养大学生良好的生活习惯。②人们从事篮球运动体验到的是身体运动带来的快感，人际交流带来的愉悦，心理沟通带来的满足，文化交流带来的思考，实现的是现代人的价值观念和文化追求。篮球运动已经成为现代人生活中的一项重要内容。③大众体育传媒使人们通过对体育信息的认知，影响其情感体验，进而改变其行为意向，对培养大学生的健康意识，运动文化修养，积极参加体育健身活动有着很好的导向作用。同时，篮球运动的发展，又促进了人们对大众体育传媒的关注与发展，两者之间相辅相成，共同发展。

第二章 篮球运动教学的组织实施

篮球运动具有集体对抗性、竞技性等特点，对动作及技巧的运用较多，教师在课堂组织与训练实施中，要关注学生的身心发展规律，激发学生学习兴趣，提升篮球课堂教学实效。本章分为篮球运动教学的任务与目标、篮球运动教学的计划、篮球运动的教学模式、篮球运动教学的组织与实施、篮球运动教学的评价、我国高校篮球运动教学的现状与发展六部分。主要内容包括：制定篮球教学任务与目标的依据、教学大纲的定义与内容、教学模式的结构与功能等方面。

第一节 篮球运动教学的任务与目标

一、制定篮球教学任务与目标的依据

（一）学生的成长发育规律

对于篮球教学来说，人体生长发育规律在其中发挥着非常重要的影响。在学生生长发育过程中，存在几个敏感期，在这些敏感期中来培养篮球相关素质有着非常重要的作用，只有抓住这几个敏感期才能够获得事半功倍的效果。调查研究发现，按照我国国民的个体发育规律，各项素质发展的最高峰的年龄主要集中在学生时期，尤其是大学时期，而篮球教学可以充分满足学生的身心发展需求。因此，在篮球教学过程中应该制定更加系统、合理、科学的篮球教学计划，此阶段的教学最有可能会让学生受益终身，这也是篮球教学的根本目标。

（二）学生参与篮球运动的兴趣

为了获得理想的篮球教学效果，篮球运动教学就必须要吸引学生的关注，促使学生参与篮球运动的积极性和兴趣得以快速提高。要想促使学生的学习兴趣得以不断提高，就必须结合学生生理、心理和智力特点，很好地将篮球运动的趣味性、目的性、对抗性等融合起来，使学生逐渐掌握篮球运动知识，从而获得参与篮球运动的基本能力。同时，教师还应该注重学生对篮球运动的兴趣，来提高欣赏篮球运动以及参与运动的能力。

（三）促进学生综合素质的全面发展

除了促使学生掌握相应的篮球运动技能之外，篮球运动教学还能够促使学生的综合素质得以全面发展，其具体表现如下。

1. 德育素质

篮球运动要求学生要将内在和外在的双重障碍克服掉，培养学生坚定的品质以及顽强的意志，不管今后遇到怎样的困难，都要严格遵循道德准则和规范，努力实现自己的目标。

2. 智育素质

篮球运动要求学生具有良好的判断、分析、思维、想象的能力，让学生的智力得到很好的开发。

3. 美育素质

篮球运动在对学生鉴赏能力、感受能力、创造能力和表现能力等的培养方面时刻都在发挥作用，所以在制定篮球教学任务时应该考虑选择合理的教学内容，使学生的美育得到更好的发展。

二、制定篮球教学任务与目标的程序

（一）了解教学对象

所谓学习需要，即学生的学习态度、学习成绩等方面的现状与篮球教学任务之间所存在的差距，分析和了解教学对象的能力和条件，主要是了解学生的运动技能、体能、篮球知识等方面所具备的能力和条件。在认真分析和深入了解学生的学习需要与能力条件的基础上，制定出合理的篮球教学任务与目标。

（二）分析教学内容

在对篮球教学任务和目标进行制定时，要认真分析篮球教学内容的特点和功能，这主要是因为篮球教学具体的目标和任务的设定同具体的篮球教学内容有着非常密切的联系，篮球教学内容不同，其所具有的特点和功能也就不相同，没有无目标与任务的篮球教学内容，也没有无教学内容的篮球教学任务与目标。

（三）编制教学任务与目标

篮球教学的任务和目标是指导篮球教学活动的设计、实施和评价的基本依据。对于篮球教学活动而言，篮球教学任务和目标具有导向、指引、调控、操作和测评的作用。

三、篮球教学的具体目标与具体要求

（一）篮球教学的具体目标

1. 增强学生的身体素质

良好的身体素质是个体从事体育运动的基础与前提。篮球运动要求学生应该具备较多的运动技能，如跑、跳、投等，因此，通过篮球运动的教学，不仅能够促进学生身体正常发育，全面提高其身体素质，增强其体质，而且还能使学生的身心都得到很好的发展。要想很好地学习和掌握篮球技术和战术，增强学生的运动能力，就必须打好身体素质这一基础。

2. 提高学生的篮球知识与技能

现代篮球教学主要包括篮球理论、篮球技术与篮球战术三方面的内容。因此，篮球教学要使学生能很好地掌握篮球基础知识以及篮球技术和战术知识，提高运动技能。其中，篮球理论知识是掌握技术和战术的依据，而篮球技术则是篮球战术的基础。篮球教学三个方面的内容之间的关系相互作用、相互统一，它们是一个不可分割的整体，在教学过程中应该对其有足够的重视。

3. 培养学生的创新意识与能力

培养学生的创新意识与创造能力是篮球教学过程中非常重要的一项教学任务。篮球运动是一项创造性活动，在运用篮球的技、战术时，学生的运动能力具有明显的复杂性、多变性以及灵活性。因此，篮球教学必须具有促进学生创新能力的作用。

4. 培养学生良好的集体精神和意志品质

作为一项集体型的对抗性运动项目，篮球运动的参与者需要具备良好的意志品质与集体精神。

一方面，通过篮球教学与竞赛能够较好地培养学生坚强的意志品质，使学生形成自己的世界观、人生观以及价值观。另一方面，篮球的教学过程是一个能够较好地完成人才的培养的教育过程。所以，在篮球教学过程中，应该重视培养学生集体主义精神与勇敢拼搏的良好的意志品质。

（二）篮球教学的具体要求

1. 从实际出发

篮球教学往往会受到学校客观条件很大的影响，如学生人数较多，场地器材较少，学生的篮球技术基础差异性大等情况。教师要结合具体实际，对篮球课程进行合理安排，并对教学观念进行积极改变，对教学方法的改革进行探索，大胆运用"理解教学法"使学生在比赛中学会技、战术。

在进行男女混合编班时，要根据性别、年龄和心理特点来进行有针对性的分组或分班；无法进行室外实践课教学时，无论选择哪些内容作为理论课教材时，都要结合篮球特点，发挥主观能动性，有针对性地组织教学。

另外，从实际出发，其含义也包括：根据学生的不同类型来对教学进度和活动形式进行安排，以促使每一个学生都能够获得参与活动的机会。因此，教师是根据体质、性别、体能、体形进行分组，还是根据兴趣爱好、技术水平进行分组；是进行混合分组还是根据性别进行分组，身体有残疾者如何进行分组，这些都要统筹兼顾。

2. 课内与课外结合

在组织篮球教学时，教师要重视将课内和课外相结合，对课外体育活动的时间以及各种可能的社会中的篮球活动机会加以充分利用，增加学生接触篮球的时间，这样才能在促使篮球水平得以提高的同时，促使学生的"终身体育"观念得以不断增强。课内与课外相结合，积极开展课外篮球活动，是完成篮球教学任务的重要保证。课外活动具有较大的灵活性和选择性，可以满足不同学生的兴趣和要求，可以发挥他们各自的特长和弥补课内教学的不足，真正地使体育课面向每一个人。

3. 运用"理解教学法"

技术传授通常是传统的篮球教学观念和方法的侧重点，这就使得教师教学很自然地从技术动作开始，遵循体育教学的一般规律和篮球运动的自身规律进行教学。这种方法是以教师、以技术为中心的，但这种方法并不利于对学生"终身体育"意识进行培养。"理解教学法"提出了通过用"游戏性比赛"来替代单纯以技术作为重点的教学方法，从而使得篮球教学的整个过程都始终充满乐趣。在游戏性比赛中，学生既能够对简单战术进行了解，同时也能够认识到为何对技术进行改进以及如何进行技术运用。

当然，"理解教学法"的掌握需要较长的时间，教师要保持良好的敬业精神与职业道德。

4. 处理好各种教育、教学关系

篮球教学课的任务直接决定了体育教师在教学工作中要正确处理好"终身体育"观念培养、"健康第一"思想的贯彻同篮球技术、技能的掌握，增强学生体质、趣味娱乐、课内课外、教学竞赛等方面的关系。其中，最为首要的就是将促使学生体质增强和学生"终身体育"观念培养放在重要位置上。

篮球教学中，技术、技能的传授，既要强调增强体质，也要注意篮球运动的特点，使两者在练习过程中相统一。

第二节　篮球运动教学的计划

一、教学大纲的定义与内容

（一）教学大纲的定义

教学大纲是规定课程教学的基本任务，体现课程教学工作的主导思想，对教学的知识范围、教学时数进行限定，并确定课程的考核方法和标准的指导性文件。

教学大纲是对教学任务完成情况进行衡量的主要依据、是教学单位（教研室、组）和教师个人组织篮球课程教学工作是进行篮球课程的主要依据，科学合理的教学大纲的制定对于高校篮球教学具有积极的指导和促进作用。

（二）教学大纲的内容

一般来讲，教学大纲主要由三个部分构成，这三个部分的主要内容如下。

①说明：对本大纲的使用范围和对象，指导思想、原则，使用时说明应注意的问题。

②正文：包括本门课程的教学的、任务；为完成教学任务而采取的主要措施、考核的内容和方法；教学内容的细节提要与基本要求、时数分配与各部分的比重；组织教法的形式、方法、要求；教材编选的原则等。

③参考文献目录：介绍教学内容主要参考文献的相关情况，包括参考文献的名称、题目、作者、出版单位、出版日期等。

（三）制定教学大纲的要求

为了使教学大纲更加科学、合理，制定教学大纲时应做到以下几点。

①依据实际情况，落实教学计划所规定的培养目标、要求，明确提出教学的目的和任务。

②确保教学内容的科学性、先进性和系统性。

③依据篮球运动的特点、本课程的任务和时数，确定教材内容，重视基本理论、基本技术、基本技能的教学。

④根据教学内容的重要性合理分配时数，使理论与实践的比例适当。

⑤考试内容要符合学生的学习情况，做到以基本理论、基本技术与基本技能为重点。

二、高校篮球课程的训练计划

（一）多年训练计划的制订

1. 多年训练计划的内容

在多年训练计划中，包含着非常丰富的内容，具体来说，可以大致分为以下几个方面。

①各学年的训练任务、技术指标。

②评定训练水平和全面考核措施。

③训练目标和任务、比赛安排等。

2. 多年训练计划的记录

多年训练计划通常能够用表格的形式加以体现，另外，也可以采用文字阐述的方式。特别是在制定多年的训练计划时，首先应该明确训练目的与任务，然后再妥善安排训练步骤和时间，从而能够确保各项训练指标、负荷安排的科学性与合理性，同时，还要尽可能地用数据或百分比标明。

（二）全年训练计划的制订

1. 全年训练计划的任务和类型

（1）全年训练计划的任务

要按照全队队员的基本情况对上一学年的训练进行总结，并在这一基础上明确提出相关的各项措施，从而顺利实现全年训练的总目标。

（2）全年训练计划的类型

在全年训练计划的类型中，由于全年训练计划类型的不同，所以也就产生了不同的训练任务，如表 2-1 所示。

表 2-1　全年训练计划的类型及任务

训练计划类型		时间跨度	基本任务
年度训练计划	单周期	6—12 月	准备并参加 1 次或 1 组重要比赛
	双周期	每个周期 4—6 个月	准备并参加 2 次或 2 组重要比赛
	多周期	各周期 3—5 个月	准备并参加 3 次或 3 组以上主要比赛

2. 全年训练计划的周期

一般来讲，全年训练计划周期分为准备期、比赛期和过渡期三个方面，这样能够使训练安排得更加合理、周密、详细。

（1）准备期

能够有效提升运动员的技术、机能、素质、心理等水平，形成一个良好的竞技状态，是这一阶段的主要任务。准备期一般可以分成一般准备和专门准备两个阶段。

（2）比赛期

发展专项训练水平，对专项技术加以完善，促进比赛能力的提高，从而逐渐形成一个良好的竞技状态，是这一阶段的主要任务。一般来说，比赛期训练量小、训练强度大。

（3）过渡期

消除比赛所积累的疲劳，促进肌体恢复，是这一阶段的主要任务。

（三）周训练计划的制订

1. 周训练计划的类型

通常情况下，可以将周训练计划分为四种类型，分别是基本周训练、赛前诱导周训练、比赛周训练和恢复周训练。

（1）基本周训练

基本周训练一般是通过改变运动负荷使运动员逐渐适应新的现象，从而显著增强运动员的竞技能力。其中所涉及的训练内容主要有：一般身体素质和专项身体素质训练，掌握和改进运动技能，全面提高竞技能力。在篮球运动项目训练的过程中，可以运用以下几种方法来增加运动负荷：一是提高训练的强度，减少或保持当前的训练量；二是增加训练量，减少或保持当前的训练强度；第三，保持原有的训练量和训练强度，通过增加负荷以更深入地刺激肌体。

（2）赛前诱导周训练

赛前诱导周训练能够使运动员的肌体与比赛要求相适应，把训练过程中所获得的竞技能力运用到专项上去作为主要任务。训练内容与基本周训练基本相同，二者之间的区别在于赛前诱导周训练具有更加专项化的训练内容，其组织形式与专项的比赛特点更为接近，与此同时，应该在训练的过程中减少一定的训练量，提高训练强度。

（3）比赛周训练

为篮球运动员做最后的调整训练，使运动员可以在比赛时具备最佳的竞技状态，这也是比赛周训练的主要任务。具体的训练内容有：在比赛之前的 1 ~ 3 天，进行中、低强度的恢复性练习，在比赛之前的 3 ~ 5 天进行高强度的专项练习，这在一定程度上可以使运动员在比赛时充分发挥他们的竞技能力。需要强调的是，在训练过程中，要使肌体在比赛当天处于一个最佳的竞技状态。然而，并不是随意安排负荷的组合方式的，这是按照运动员赛前状态和专项特点确定的。

（4）恢复周训练

恢复周训练可以使运动员生理和心理方面的疲劳得到有效消除，并且还可以有效降低运动员的运动负荷，从而有效保证能量物质的再生。另外，主要进行一般性的身体练习，并且在各种练习中还会加入一些具有游戏性质的活动，这也是主要的训练内容。而在训练过程中安排负荷时，要求降低训练强度，训练量应保持不变或适当减小。

2. 周训练计划的记录

周训练计划的记录形式以表格为主，这样具有显著的直观性。

（四）训练课计划的制订

训练课是各项训练计划完成的重要保证，各项训练目标的实现都需要具体贯彻到训练课之中。课时训练计划要严格按照周训练计划的要求展开，将各种训练手段、方法等付诸实践。

1. 训练课计划的内容

因篮球训练课的训练内容根据总计划（年度训练或周期训练）的安排而有多不同，因此常见的训练课计划的内容有以下几类。

（1）体能训练课

其特点是提高身体素质，提高身体机能。通过身体训练，提高一般身体素质和专项身体素质，先安排一般身体训练，后专项身体训练。先速度、爆发力，后力量耐力。

（2）技术训练课

课的主要任务是学习、掌握、改进、巩固各项基本技术动作，提高各项技术动作质量与各种变化组合应用能力。

（3）战术训练课

课的主要任务是攻、防战术的局部与组合练习以及对抗练习，为实践创造有利条件。

（4）综合训练课

在一次训练课中，包含体能训练，技术、战术训练，有时还进行比赛对抗。综合训练课通常是在一项内容中包含其他项内容，多项内容同时进行训练。

（5）比赛训练课

以比赛的形式进行训练提高。通常比赛训练是通过各种对抗练习、特定规则的比赛、教学比赛、交流比赛、热身赛等方法训练技术运用能力和灵活贯彻战术配合的能力。

（6）调整训练课

调整型训练课一般安排在训练的过渡阶段，或是一个阶段的人负荷训练和激烈比赛之后。通常调整训练课的负荷会较小，其主要任务是通过减轻运动员的负荷等手段来消除与动员的疲劳。

2. 训练课计划的结构

训练课由准备部分、基本部分和结束部分三部分组成。

①准备部分是使运动员调整心态、调动机能，准备承受训练负荷的准备活动。

②基本部分安排训练课的主要训练内容，其选择的练习手段可以多样，练习的组织可以采取成队的、小组的和个人的练习交替进行。

③结束部分基本上有两种情况：其一是根据运动员身体机能的活动性做下降性安排；另外一种是人为地降低运动员的工作强度。结束部分的安排主要是为课后的迅速恢复创造有利条件。

第三节　篮球运动的教学模式

一、教学模式的结构与功能

（一）教学模式的结构

任何教学模式都有其内在的结构。教学模式的结构一般包含以下因素。

1. 指导思想

任何教学模式都是在一定教学思想或理论指导下提出来的，它是建立各种体育模式的理论基础，反映了模式的内在特征。它在教学模式中是个独立的因素，又渗透在其他因素之中。如国外的信息加工教学模式是以信息加工的理论为依据，非指导教学模式是以人本主义教学思想为指导。

2. 教学目标

教学目标是指模式所能达到的教学效果，是教师对某项教学活动在学生身上将产生的效果所做出的预先估计。任何教学模式总是为了完成特定的教学目标而设计的，它使主题更加具体化，在教学模式的构成因素中居于核心地位，对其他因素有制约作用，也是教学评价的标准和尺度。如群体合作教学模式的教学目标是改善课堂教学的心理气氛、大面积地提高教学质量。

3. 操作程序

操作程序是指教学在时间上展开的逻辑步骤及每个步骤的主要做法等，任何教学模式都具有一套独特的操作程序和步骤。由于教学过程中既有教材内容的展开顺序、教学方法交替运用的顺序，又有内在的复杂的心理活动顺序，一般是从不同侧面提出教学活动的基本阶段及其逻辑顺序。操作程序只能是基本和相对稳定的，而不是僵化和一成不变的。

4. 实现条件

实现条件是指促使体育教学模式发挥效力的各种条件（教师、学生、教学内容、手段、时间、空间等）的最佳组合和最好的方案。策略是指为教师运用模式简要提出的原则、方法和技巧等。

5. 评价

这里的评价是指评价的方法、标准等。由于各个教学模式在目标、操作程序实现条件上不同，因而评价的方法和标准也就不同，即每种教学模式一般都有适合自己特点的评价方法和标准。如群体合作教学模式评价因素不同于标准化的评价，它采用计算个人和小组合计总分的评价方式。但现阶段除少数的模式已初步形成一套相应的评价标准方式外，很多模式至今尚未形成自己独特的评价标准和方式，这也是今后教学模式研究中的一个重点和难点。

上述诸要素相互联系、相互制约，完整地构成了一定的教学模式。其中，前面四个因素是教学模式的重要因素。至于教学模式中各要素的具体内容，则因模式的不同而有所差异。

（二）教学模式的功能

1.理论功能

教学模式是以简化的形式表达一种教学思想或理论，具有高度的概括性。教学模式来自实践，是在实践中形成的，是对某些有效的教学活动方式经过优选、概括、加工的结果，它能为某一教学思想或理论所涉及的各种因素和它们之间相互关系提供一种相对稳定的结构，随着概括层次的提高、运用范围的扩大，教学模式还有可能由小型的、层次较低的理论性概括逐步发展成完整的、层次较高的理论。从这个意义上说，教学模式可以为教学理论的充实发展提供各种具体素材，由个别的特殊经验上升、转化为层次更高的教学理论。

2.实践功能

教学模式是某种教学理论的简化表现形式，它可以通过简要的解释或象征性符号来反映所依据的教学理论的基本特征，使人们在头脑中形成一种抽象理论的框架，便于人们理解和掌握。教学模式还为某种教学理论运用于实践提供了比较切实的、可操作的实施程序，有利于人们把握和运用。它可供教师设计和组织各种具体教学活动方式参考。

教学模式的实践功能有以下四个方面。

①预见性，即教学模式能够帮助教师预见体育教学活动所能达到的教学效果。

②指导性，教学模式能够为教师提供达到预期教学目标所需要的各种教学条件和实施教学的程序，指导教师开展教学活动。

③系统性，教学模式可以使整个教学过程成为一个有序的系统，并使教学过程中的各因素充分发挥其功能作用。

④完善性，科学规范的教学模式能够在实践中对传统的教学过程、教学方法和教学结果进行改进，从而使教学过程更有效地为培养现代社会全面发展的人服务。

同时，教学模式自身也不断得到丰富与完善。

二、篮球教学的多种模式

（一）"传授动作技能"教学模式

1.指导思想

所谓传授动作技能教学模式，即通过教师的传授辅导和学生的接受练习，以系统掌握篮球技术、技能为中心的一种教学活动体系。其强调以学习篮球的基本技术和技能为主导，遵循学生的认识规律和动作技能的形成规律，把教学过程分为感知、理解、巩固、运用等阶段，是我国篮球教学实践中长期以来普遍采用的教学模式。这种教学思想主要受苏联传统教学理论的影响。

2. 教学目标

传授动作技能教学模式是以促进学生掌握篮球技能有效的方式为手段，以教学大纲规定的技能评定项目为主要学习内容，以运动技能形成规律为主要依据，以学生学习技术知识、提高技能为主要目标的教学形式。这种教学模式是能够有效地促进学生技术和技能的学习与掌握，通过技术和技能的传授来完成教学的各项任务。

3. 操作程序

经教师引导后，学生明确了目标，通过一些直观教学手段，使学生产生感性认识、形成视觉表象，进行模仿练习和表象练习，再经过实际练习和教师指导，建立动作表象和正确的肌肉感觉，形成动作技能，而后对学习效果进行总结评价，找出存在的问题，引起教学反馈的作用。其操作程序是：引发动机——明确目标——讲解示范——练习指导——总结评价。

4. 实现条件

强调教学中教师的主导和支配作用，整个教学活动在教师组织指导和控制下进行。由教师规定教学目的、任务、要求等，学生依赖于教师，在教师的指导帮助下进行学习活动。教学条件：该模式运用效果主要取决于教师的教学技能水平、教学的方法手段，以及学生学习的自觉性、专项基础、身体条件五个因素。该模式主要由"系统学习"转变而来，在当前体育教学实践中被广泛运用。其优点在于能充分发挥教师的主导作用，也能较好地调动学生的学习积极性；能按体育学科的逻辑系统循序渐进地进行教学，使学生掌握较为系统的技术技能，也能保持较高的教学效率。其缺点是不宜正确地发挥教师的主导作用，较难发挥学生的主动性和创造性；不宜做到区别对待，容易出现"注入式"教学。

（二）"指导——发现"教学模式

1. 指导思想

所谓"指导——发现"教学模式，即一种以解决问题为中心，注重学生独立活动，着眼于创造性思维能力和意志力培养的教学模式。该理论基础是布鲁纳的发现法教学原理，其认为教学过程是学生参与生活的过程，学生的学习是现有经验持续不断地改造。因此，教学不应该是讲和听，而必须通过亲身活动去感受、发现和升华。

2. 教学目标

引导学生手脑并用，运用创造性思维去获得亲自实证的知识；培养学生善于发现问题、分析和解决问题的能力；养成学生探究的态度和习惯，逐步形成探索的技巧。

3. 操作程序

教师通过指导语的方式对所授篮球教材内容进行改造，使之成为学生通过努力可以自行解决的问题，同时向学生提供大量的观察和分析的直观感知材料。学生在课前根据自己对篮球的知识、经历和理解进行预习，带着遇到的问题，到课堂上寻找解答方案。在学生解决问题时，教师给予必要的指导，最后采用分析和归纳的方法共同进行总结。

4. 实现条件

①师生处于协作关系，教师引导学生通过主动发现来学习，把学习知识的进程和探索知识的过程统一起来。

②教师要为学生创设一个认识上的困难情境，使学生产生一种想解决这一认识上的困难要求，从而能认真思考所要研究的问题。

③采用这一教学模式要求学生有一定的知识经验技能水平储备，并利用统觉原理来解决新问题，将问题情境转变为解决问题的情境，直到问题解决。

④教师要根据教学需要为学生提供必需的视听材料（幻灯、录像等）必需材料（参考书、文献等），教师备课要编制明确、系统的问题来反映教学内容，以问题带教学。

"指导—发现"教学模式最大的优点在于使学生学会如何学习，如何发现问题和解决问题，在学习篮球战术、理解攻守关系和掌握技术重点或难点时运用，效果更为显著。但也有局限性，它需要学生有一定的知识经验和技能储备。

（三）"掌握学习"教学模式

1. 指导思想

所谓"掌握学习"教学模式，其主要思想在于基于集体教学的前提，明确具体的教学目标，提供足够的学习时间，改进教学内容结构和教学方法，加强教学过程中的反馈与矫正，帮助解决学生所面临的学习困难，使大部分学生都能对学校所教学科的内容真正加以掌握。卡罗尔"学校学习模式"的基本观点是其理论基础所在。在布鲁姆看来，教育目标都有外显行为等特点，都是可以测定的。布鲁姆的教学评价理论在教学过程之中加入了教学评价，对照教学目标及时做出价值判断，测定教学目标是否达到，有效地指导教学等一连串的反馈活动，从而在一定程度上起到调节教学过程、提高教学水平、保证学生学习任务的完成的重要作用。

2. 教学目标

教学质量的大幅度提升是其教学目标所在。提出"绝大多数学生都能学到学校所教的一切东西"，承认所有学生具有均等学习的机会。"掌握学习"是在一般的班级集体教学的条件下进行的，力求统一集体施教和因人施教。

3.操作程序

（1）为掌握定向

即向学生介绍掌握学习的一般程序，使学生适应这种学习方法，明确学什么、怎样学，达到什么程度。

（2）为掌握而教

①根据确定的单元教学目标及其教学进程，教师按预定的教学计划，采取班级教学的形式对全体学生集体教学。

②在单元教学结束，对全体学生进行单元的形成性测验。

③分析测试结果。凡达到掌握目标的学生，进行巩固性、扩展性学习，或教其他同学；凡未达到目标的学生，则分析其错误产生的原因，进行矫正学习。矫正手段包括个别辅导、小组合作性学习，教师有重点的指导等。

④再进行一次形成性测验，待大部分学生都已掌握了这个单元的内容以后，再转入下一单元的学习。如此循环往复，直到全部教材学完。

（3）为掌握分等

即在学完全部教材之后，对全班学生进行终结性测验。成绩评定是依据预先规定的标准。分为"已掌握 A"和"未掌握 B"两等。或将未掌握水平分为 B、C、D、E、F 等，借以表明学生的具体水平。终结性评价还应作为进一步提高的诊断性评定，使学生明确学习努力的方向。

4.实现条件

①师生双方对"掌握学习"都要抱有信心。教师对学生应有真诚的期待，相信绝大多数学生都能学好，教师自身也要坚定信心，坚信能使绝大多数的学生学好。

学生则要有两个先决条件，一是"认知前提能力"，即学习相应的基础知识、技术、技能的能力以及预习课程、学习习惯等；二是"情感前提特征"，即学习兴趣、胜任感、自信心等。

②确定篮球教学的内容、目标和测量手段。确定教学内容，要明确学习范围；确定掌握目标，要明确教学目标的达成度；形成性或终结性测验的内容要覆盖所有目标。

③为掌握制订计划，内容包括：设计教学单元，及其教学时间；制订单元具体的掌握目标；编制单元形成性测验内容；准备矫正的手段，如个别辅导、小组学习、重新教学等形式。

"掌握学习"教学模式，以反馈——矫正为核心，围绕教学目标，运用多种方式的形成性评价，根据评价结果，确定教学难点，然后安排重新教学，2～3人一组的相互帮助和教材指导等矫正措施进行教学。结果证明，在提高"差等生""中等生"的成绩方面有显著的效果。但还要在实践中研究和解决该模式的许多问题。如教学内容要以单元划分怎样才更科学、合理；教师上课前要做许多准备工作，要采用多种教学手段和方法，势必增加教师的负担；"因材施教"问题也要进一步研究对于优等生则比较不适应，深化学习和扩展性学习难以解决。

（四）"程序"教学模式

1. 指导思想

所谓"程序"教学模式，即将教学内容分成许多小步子，系统地排列起来，学生对小步子所提出的问题做出反应，确认以后再进入下一步学习。

程序教学的理论基础是新行为主义的学习理论。新行为主义者在学习理论上是以联结主义的原理来阐明学习现象。他们认为，学习是通过刺激—反应—强化而形成行为的。斯金纳根据操作性条件反射的实验提出：任何复杂的行为都可以用一种逐步接近、积累的方法由简单行为联系而成。据此，他建立了程序教学模式。

他认为，程序教学的关键在于要精密设计操作的过程，建立特定的强化，使学习者通过学习得到外部或内在的满足。

2. 教学目标

这一教学模式在于教给学习者某种具体的技能、观念，或其他内部或外部的行为方式，如掌握某些智力技能或行为技能等。

3. 操作程序

将篮球技术、战术教学内容依据认知规律和技能形成的规律，分解成为若干个相互联系的小步子，使之成为便于学习的逻辑序列，同时建立相应的评价信息反馈系统。教学开始以后，学生依据小步子进行学习，学习后及时进行评价，依据评价结果对学习效果进行即时反馈。如达到了预定的标准，则进行下一步学习；如没有达到标准，则返回去重新学习，并配以相应的矫正措施。

4. 实现条件

采用这一模式，需把教学内容根据学习过程分解为许多小步子，并按一定的次序排列好。每一小步子均有技能达到的标准。程序教学的四条原则如下。

①小步子原则。每两个学习项目内容的差距越小越好。

②积极反应原则。学生学习效果的外显反应，要快速地体现在技能掌握的程度上。

③即时确认原则。学生做出反应，要得到及时的肯定或否定。

④自定步调原则。学习速度可以根据自己的情况来决定。

程序教学的优点是可以使学习内容化难为易，易于学生掌握和巩固；及时反馈及时强化，有利于调动学生学习的积极性，及时调整学生的学习；可以根据各人的情况，自定步调，确定学习进度，有利于因材施教，在篮球技术教学中运用效果较好。不足之处是由于学生自定步调，学生练习的内容与方法不尽一致，不便于教师的教学组织。

（五）"学导式"教学模式

1. 指导思想

所谓"学导式"教学模式，即教学活动主要是学生的自学，在学生自学的教学模式中也离不开教师的指导。其理论依据为以下几个方面。

（1）"学会学习"的学习观

随着当代知识的激增以及更新过程的加快，教师无法向学生传授受用终身的知识，所以，相比于知识的传授，培养学生的自学能力、教会学生学习更为重要。

（2）"独立性与依赖性相统一"的心理发展观

学生是正在成长中的个体，随着年龄的增长，独立性日益增强，他们希望独立学习、自己管理自己。但是，他们尚不具备成熟的认识能力，自我评价和自我控制能力都不强，还离不开教师的指导。因此，在教学中教师必须考虑学生的独立性，培养他们的自学能力，同时还要加以正确的指导。

（3）"教为主导，学为主体"的辩证统一的教学观

教学活动是教师的教与学生的学的有机结合。教师的主导作用主要体现在提出学习目标、要求，安排学习计划、内容，指导学生学习方法等；学生的主体地位只有通过学生主动地学习才能实现。

2. 教学目标

以自学能力的培养为主要目标，实现以"教"为主向以"导"为主的转变。

3. 操作程序

（1）提出要求

根据教学需要，教师对自学的范围、重点和要解决的问题提出要求，让学生有目的地学习。

（2）自学

根据要求，学生自学，教师巡视，了解自学情况，及时解决学生个别问题。

（3）讨论、启发

学生针对共同的问题开展讨论（分小小组、小组、班级讨论），通过讨论相互启发、提高认识，捕捉疑点、难点；在讨论的基础上，由教师做启发性讲解，解惑、点拨、指迷，给学生提供解决问题的思路和方法，提高学生的认识水平。

（4）练习运用

通过完成相关的练习、实际操作等，使学生将所获得的知识在运用中得以检验、巩固。

（5）评价、小结

教师对练习结果及时评价，并根据反馈信息，采取巩固性或补充性教学。评价方式有教师评价、学生互评、自评等。小结是指学习一个阶段后要求学生将所学知识系统化、概括化并联系原有知识，从整体上理解所学内容。小结可以由师生共同做出，也可以由教师

指导学生先归纳，教师再补充总结。

4. 实现条件

①教师要有以"学"为主，"导"为主线正确的教学指导思想，教师是"指导者""引导者"，要充分相信学生能自学，积极指导学生自学。

②教师要设计要求明确的自学提纲，提供必备的参考材料。要有一套指导学生自学的方法。该模式要求学生有一定的阅读能力，在篮球战术教学中运用效果较好。

"学导式"教学模式可以提高学生学习的主动性和主体意识，有利于学生自学能力和学习习惯的培养，加速创造性思维能力的发展。采用这一教学模式，教师虽然少讲了，只起点拨、解疑的作用，但对教师的主导作用要求却更高了。如果教师不能做到这一点，自学就会导致自流，这种模式的优越性就难以体现。

（六）"合作学习"教学模式

1. 指导思想

所谓"合作学习"教学模式，即主张用人道主义的原则和个性民主化的原则来改造教育和教学过程，处理教育和教学过程中人与人之间的关系，激发学习热情，培养个性和谐发展的人。其理论依据是苏联阿莫纳什维利为代表的"合作教育学"。这种"合作学习"的关系表明个人目标和同伴群体之间是相互依存的，使学生感到只有在和自己有关的其他同伴达到目标的前提下，他自己才能达到个人的目标，这种结构可以产生学生群体之间相互作用的积极效果，而改善教学的整体效益，建立"互助合作小组"是实现学生群体合作目标的基本手段。

2. 教学目标

"合作学习"模式通过异质分组，合理竞争，促进学生社会交往能力的发展，有效地促进差生学习成绩的提高，充分调动学生的积极性，大面积提高学生的学习成绩。

3. 操作程序

教学中依据自愿的原则把学生分成人数不等的若干个小组，练习时要以小组为单位结成"伙伴对子"。小组内发挥技术骨干的作用，优生帮助差生。教学过程中多运用小组练习、小组竞赛和小组评价等方法进行活动，在小组和伙伴的合作活动中学习掌握篮球教学的内容。其操作程序是：异质分组—小组内协作学习与组间竞争——个人和小组合计总分的评价方式。

4. 实现条件

①要在教师的指导下，将全班分成几个异质学习小组，各小组的素质、技能大致相等。

②"合作学习"小组是一个亲密友好的群体，小组成员之间平等交往，彼此尊重、相互依赖。

③小组的内部协作与小组的外部竞争同等重要。通过小组的内部协作，个人成绩与小

组总成绩挂钩，促进小组成员形成和谐、友好、平等的关系；通过小组的外部竞争，可以培养学生的竞争意识，激发学生的练习积极性。

（七）"领会"教学模式

1. 指导思想

所谓"领会"教学模式，其着眼点在于从传统强调动作技术转移到培养学生的兴趣及认知能力。视学生认知能力和战术意识的培养为核心，将训练学生应付多种复杂情况的能力作为学习的关键，并按照学生的需要因人而异地教授多种技巧动作，强调学生理解掌握篮球运动规律及相应的技巧和战术。

2. 教学目标

让学生掌握篮球运动的本质规律和内在联系，即把战术意识学习置于首位，让学生明白在如何运用技巧的前提下学习技巧，然后通过反复的练习和比赛加以巩固，使学生建立篮球运动和比赛的概念，获得一些战术意识，在理解的基础上学习相应的动作技巧，提高学生的学习兴趣。

3. 操作程序

领会教学模式主要包括六个部分。

领会教学模式以"项目介绍"和"比赛概述"作为学习篮球运动的开始，通过教师的讲解，让学生了解篮球运动的项目特点和比赛规则（如比赛场地、比赛时间的限制、得分的方法等），以及比赛所涉及的基本技巧。在此基础上，对学生进行战术意识培养。教师在介绍了战术之后，将结合实战向学生演示一些如何应付临场复杂情况的方法，对学生进行"瞬时决断能力训练"，培养和训练学生全面观察、把握时机、及时应变的能力。根据临场情况的不断变化，要求学生做出决断——"做什么"，并选择能取得最佳效果的技巧——"如何做"。在学生对比赛过程有所了解，并有了相应实践后，教师才视学生的能力及不同需要，引导教学进入"技巧演示"阶段，开始教授学生各种动作的要领和合理运用技巧的诀窍。在学生学习了技巧动作后，教师安排学生通过反复的练习和比赛来巩固，从而促使他们"动作完成"——完成相应的、有质量有效果的动作，最终达到比赛中的运用自如。

4. 实现条件

①从篮球运动整体特征入手，然后再回到具体技能的学习，最后回到整体认识和训练中。

②强调从战术意识入手，把战术意识贯穿在各个教学环节中，突出整体意识和以战术为主导的特征。

③突出主要运动技术，可忽略一些枝节性的运动技术。

④注重比赛形式，并在比赛和实践中培养学生对篮球项目的理解。教学往往从"尝试性比赛"开始，以"总结性比赛"结束。

第四节　篮球运动教学的组织与实施

一、篮球课的组织

训练课的组织、控制和完成质量，教师起主导作用。因此，教师在组织训练时，应严于律己，以身作则；要诚恳热情，成为运动员的知心朋友，不仅关心运动员的技术提高，而且关心他们的思想、学习和生活；既要首先成为一个以身作则的教育者，一个很好的鼓动者，还应成为一个受教育者，虚心地听取队员意见，集思广益，把自己的意图、想法和要求告诉队员，变成队员的自觉行动这样就能大大地提高训练效果，充分发挥智力优势。

要完成训练计划，提高训练水平，贯彻科学系统的训练，上好训练课是关键。训练课是按教学大纲的内容、顺序、要求和进度安排的。在一次训练课中，应根据学生运动员的心理和生理特点、篮球运动的特点以及运动规律进行。

首先，要对学生运动员加强相应的思想政治教育，对训练的目的任务加以明确，使他们参与训练的积极性得以充分调动，增强学生的责任感和荣誉感。在训练中，教师应坚持严格要求、严格训练，善于发现问题和及时解决问题，激励他们努力去完成训练任务。这是上好训练课的重要环节。

另外，教师在教学中要全面贯彻党的教育方针，教书育人，培养高尚的道德和意志品质。通过各种方法、手段向学生传授篮球运动的基本理论与技术，培养各种实战能力，增进健康，增强体质。每次课都要承上启下，互相联系，保持教学的完整性和系统性。

其次，篮球教学还要形成自己的特点，在组织方面也要采取一些有效的措施，这样才能更好地保证教学任务得以顺利完成有的学校，场地、器材少，班级的人数又多，因此在组织练习时就要从实际出发，采取灵活多样的练习方法，才能既保证一定的运动量，又能提高学生的积极性。篮球课中，由于练习分散，不易照顾和组织管理，这就要培养"小先生"（从学生中选择、培养几个思想好、技术好又有一定的组织能力的学生做骨干）。在进行分组练习时，由他们来带领、组织和帮助小组同学进行练习，这样既能够有效协助教师顺利完成相应的教学任务，同时又能够对部分学生的组织能力、分析和解决问题的能力进行培养和提高。

由于篮球运动是集体性、对抗性很强的运动项目，比赛和练习时，容易出现一些思想问题、场上作风问题、违反纪律问题。因此，篮球课中，要特别注意加强思想教育，严格要求和加强管理。

只有这样，才能把课上得既活泼又有秩序。训练课的组织主要包括运动员的组织、练习的组织、课的时间与运动负荷的安排四个方面。

运动员的组织，基本上分集体（全队或小组）训练和个人训练两种形式，这两种训练形式常常是结合起来采用。

练习组织是训练课作业进行的程序和作业内容的安排，一般是先进行基本技术练习，后进行战术配合、全队战术和教学比赛的训练。

在训练课中，对运动负荷进行合理安排是其中最为主要的环节。在增加运动负荷方面，要遵循循序渐进的原则，根据不同的训练任务、不同的训练时期来对每次课的负荷密度和负荷强度进行确定。一次课应出现几次负荷高峰。一般进入到基本部分的前段时就应出现第一个高峰（较高），到基本部分后段时应达到第二个高峰（最高）。合理安排运动负荷和如何进行大运动负荷训练是训练工作中的一个重要问题，也是迅速提高队员身体、技术和战术训练水平，使其适应实践需要的一个主要方面。一堂篮球训练课能够成功主要取决于篮球训练内容的组织安排是否合理，是否同科学和客观规律相符合，这也包括对一堂课的运动负荷控制。每次课的内容、练习形式与方法、运动负荷以及课与课之间，都要互相衔接，保持训练的完整性和系统性。

二、篮球课的类型

（一）教学课的类型

教学课的类型如表 2-2 所示。

表 2-2　教学课的类型与形式

类型	形式
理论课	讲授课、自学答疑课和讨论课等
实践课	技术教学课、战术教学课、教学比赛等
考试、考查课	笔试、口试、技评、达标与比赛和作业等
实习课	教学实习、竞赛组织和裁判实习等

（二）训练课的类型

训练课的类型如表 2-3 所示。

表 2-3　训练课的类型与形式

类型	目标
身体训练课	发展运动素质，提高身体机能水平
技术、战术训练课	提高技术、战术水平
比赛训练课	提高技术、战术运用能力和比赛适应能力
综合训练课	提高身体素质、技术、战术等多方面的综合水平和能力

类型	目标
调整恢复训练课	消除疲劳，恢复体力，保持技术水平
测验课	检测各种指标，评定训练水平

三、篮球课的结构

（一）理论课的结构

1. 新授课的结构

新授课的一般结构是组织教学、导入新课、讲授新课和布置作业。其中，讲授新课是核心环节，教师要在这一部分花时间，费力气。

2. 复习课的结构

复习课要帮助学生强化已经学过的知识，并加深理解，融会贯通。复习课的基本结构是：组织教学，提出复习的目的和要求；运用多种方法复习；小结。

（二）实践（训练）课的结构

篮球教学的实践课和训练课一般由三部分组成。

1. 准备部分

（1）目的

促使学生能够从生理和心理两个方面快速进入到工作状态，为课的顺利完成做好准备。训练课的准备部分需要从生理和心理上做好承受较大和最大运动负荷的准备。

（2）任务

组织学生，集中注意力；加强神经系统、内脏器官及各肌肉群的活动，提高其兴奋性。

（3）内容

班长、队长或值日生整队报告出席人数，教师进行考勤检查，简要说明本次课的任务与要求。根据基本部分的教学、训练内容的需要，选择准备活动的练习。练习的内容，主要是由走、跑、跳、徒手体操、游戏和各种控制球、支配球的练习组成。训练课除做一般准备活动以外，还要做专门准备活动。

（4）准备活动的组织方法

通常采用集体的形式来进行，有时根据具体需要，训练课也可以给一定时间做个人的特殊准备活动。

（5）准备活动的时间

准备部分是在教师的组织下做好准备进入训练状态。在堂训练课中，身体准备活动是其中必不可少的内容。一般安排 15 ~ 20 分钟。准备活动的具体内容既要能集中学生注意力和活动他们的身体，又要能与基本部分内容有机地联系起来。

2. 基本部分

（1）目的

教学课主要是形成、巩固和提高技术、战术和技能，发展身体素质，培养道德意志品质。训练课除此以外，还要提高比赛能力。

（2）任务

根据教学大纲、训练计划的要求，创造各种条件，使学生掌握和提高技术、战术和技能，并提高其运用能力。与此同时，逐步加大运动量和强度，增强体质，发展运动素质，提高篮球意识、技巧和运动水平，加强思想教育和心理训练，培养良好作风和拼搏精神。

（3）内容

在基本部分，要对教材内容进行合理安排，对教学活动进行组织。通常来说，教学课要先对新教材内容进行教授，然后对旧教材内容进行复习，最后进行具有较大运动量的教学比赛或发展身体素质的专门练习。要根据课的任务和学生的具体情况以及课的时间、场地、器材等条件来选择恰当的练习方法和手段。在整个教学中，要遵循循序渐进的原则。在对技术进行教学时，要先教授单个动作，然后进行组合动作练习、攻守对抗练习，最后在比赛中加以运用。进行战术教学时，要教授基础配合战术，然后教授整体战术，最后在教学比赛、正式比赛中进行运用。

（4）时间

一般来说，篮球教学课（两节课连上的）的时间为 70 分钟左右，训练课占全课时的70%左右。

3. 结束部分

（1）目的

教学课的结束部分主要是为了有组织地结束教学工作，使学生逐渐恢复到相对安静的状态。训练课的结束部分主要是为了加速排出体内积存的乳酸，补偿运动时的氧债，使参加运动的肌肉尽快地恢复到运动前的状态，同时使运动员心理上从应激状态逐渐恢复到平静状态。

（2）内容

在经过紧张激烈的训练之后，要做一些整理活动，使学生能够从紧张兴奋的心理状态和激烈的运动生理状态中逐渐缓和下来。主要采用一些慢跑、游戏、放松练习和注意力转换练习，也可以做一些运动量不大的罚球、投篮练习。在下课之前还要进行小结和讲评工作，常见的形式主要有两种。

①教师进行小结。

②师生共同小结。

要注意的是，小结要尽量简短扼要，要具有针对性，以正面教育和表扬为主。

（3）时间

一般来说，教学课结束部分的时间为 5 ~ 10 分钟，训练课一般是 15 分钟左右。

第五节　篮球运动教学的评价

一、篮球教学评价的内容

篮球教学评价的内容，主要根据教学大纲所规定的考核范围和方式，对教学任务完成情况进行评价。通常包括教学目标的评定、重点篮球技术与战术的掌握程度、篮球基本理论知识的掌握程度以及教学训练的基本技能等。

①教学目标的评定。主要是对学生教学目标达成情况的评定。评定学生在教学过程中对阶段目标完成情况和教学结束后对教学任务完成情况。技术、战术掌握的评定，就是采用一定方法对学生掌握技术、战术情况进行测量，是学生学业考核的重要部分。

②技、战术评价。通过对运动员的技术、战术评定以了解运动员的技术、战术学习和掌握的情况，以及对教学情况的评估。技、战术的评价，可运用技术达标和技术评定来完成。

③理论知识评定。所谓理论知识掌握的评定，即主要是通过考试来对学生掌握篮球理论的情况加以考查和了解。

二、篮球教学评价的方法

（一）技、战术评价

1. 定性指标的测量

所谓定性指标是指那些无法用具体度量单位来衡量而又必须测量的指标。在篮球教学实践中大量采用定性评价指标，各类篮球课程的考试、考核中采用的技术评定就属于定性指标。根据篮球技能教学的特点，定性指标是技术动作完成的规范程度指标，依据预先确定的技术规格进行分数赋值，测量时由多名主试教师根据受试学生完成技术的实际情况来评定分数。

2. 定量指标的测量

所谓定量指标是指那些可以用具体度量单位来衡量的指标，如命中次数、跑动速度和跳起高度等等。各类指标的选用依据由评价的目的而定。如测量技术熟练性可采用速度指标；测量弹跳能力可采用高度指标；测量投篮和传球可采用准确性指标。采用定量指标进行教学评价，必须事先依据一定的样本制定出测量的方法和评价标准，使方法与受试对象的总体水平相适应。评分表的制定可采用统计学的方法，使分数赋值具有较好的区分度，客观反映受试者的实际水平。

（二）理论知识评价

通常采用的测量方法有笔试和口试，也可通过撰写专题作业的形式来进行。

1. 笔试

笔试分闭卷和开卷两种。闭卷主要考核学生对记忆性篮球知识的掌握程度，开卷主要考核学生运用知识分析问题和解决问题的能力。前者适用于低年级学生的理论考核，后者适用于高年级学生的理论考核。

2. 口试

口试的方法适用于各年级学生。低年级可以通过课堂提问的形式进行，高年级可以采用专题答辩的形式进行。通过口试了解学生掌握篮球理论知识的深度和广度，分析和解决问题的能力及语言表达能力。

3. 课外作业

是一种对综合能力考核的方法。其特点是必须把学习掌握的知识与篮球运动实践结合起来并加上自己的见解，因此，主要是了解学生对理论知识的理解深度，以及在实践中运用的能力。

三、篮球教学评价中应注意的问题

篮球教学的评价要遵循科学性与可行性相结合的原则。科学性集中表现在测量的可靠性、有效性和客观性三个方面。可行性是指评价的过程与方法和篮球教学的实际情况相符，现有的条件能够保证实现评价的目标，在教学实践中能够应用。科学性与可行性相结合，就要掌握有关评价的基本知识，熟悉篮球教学的基本规律，在不断的实践探索中构建篮球教学的评价体系。

在篮球教学实践中还要注意正确使用绝对评价和相对评价两种不同的评价方法。绝对评价是采用非常明确的标准进行的评价，它依据一定的判断标准和学生完成的技术达标结果即可做出评价，如篮球课程考试中采用的投篮技术达标，标准规定在1分钟内投中若干次为合格是绝对的，凡达到规定次数者都为合格，无须考虑学生之间的相互比较。相对评价是以学生之间测验成绩的相互比较为依据，按其好坏和在同一群体中所处的位置来确定成绩的方法，也就是说某学生的成绩是相对于在班级总体成绩中的位置而言的，分数是所处位置的表示。相对评价方法能够在同一班级内区别出优生和差生，使在群体中测量到的成绩呈现正态分布。相对评价指标通常是在篮球考试中进行技术评定时采用。

第六节 我国高校篮球运动教学的现状与发展

一、高校篮球教学的现状

（一）高校篮球教学的良性发展

1. 社会发展背景

篮球运动是世界上最引人注目的竞赛项目之一，在我国有着广泛的群众基础。它以独特的运动魅力吸引了我国近两亿人的广泛参与。在我国许多的机关、部队、企业、学校、农村、工厂中都有篮球运动爱好者，并且组建有篮球队，篮球运动成为人们喜闻乐见的文化娱乐健身活动，这些都是中国篮球运动发展的良好的社会基础。

近年来，我国包括篮球运动在内的体育事业获得了较快的发展，国家非常重视大众篮球运动的发展，不断加强对社会大众篮球设施的建设，积极吸引社会对篮球运动的投资，在社会上为全民参与篮球运动营造了良好的发展环境，尤其加强了篮球运动在高校中的推广。总体来说，篮球运动在我国具有良好的社会发展背景。

2. 教育改革促进

篮球运动寓健身、文化、人文于一体，具有较强的教育功能，因此，我国高校已将篮球运动作为体育教学的重要内容，并列入体育教学大纲。高校篮球运动的本质功能是提高学生健康水平，丰富课余文化生活。近几年，我国高校篮球运动取得了较大成绩，为我国高校篮球运动的发展注入了新鲜的活力，为篮球运动员招生拓展了广阔的空间。目前，我国高校篮球运动的发展较为迅速，已经有越来越多的高校学生参与到篮球运动中，形成了良性的发展轨迹。

篮球运动项目不仅成为学校体育课的重要教学内容，而且还是学校球类运动俱乐部的重要项目，还是校际运动比赛的重要比赛项目。这些篮球基层组织都为篮球运动在学校的发展创造了有利的条件，也为我国篮球运动事业的发展提供了优秀的后备人才。

（二）高校篮球教学发展存在的问题

1. 教学模式单一

当前，我国高校篮球课教学中运动训练理念和教学理念混淆的教学现状普遍存在。主要表现在以下几个方面。

①由于认识上的偏差，我国篮球教学几乎被篮球训练所代替，篮球教学过程在很多情况下都变成了学生进行篮球基本功训练的过程。

②在篮球教学程序的安排上，照搬篮球一般的训练内容。在篮球教学中，教师通常是将教学分为运球、传球、投篮、比赛等几个环节，进行逐一地示范和讲解相关的篮球技术动作，然后，学生再根据教师的讲解和示范进行模仿练习。

③整个篮球教学程序单一、无变化和任何创新，教学模式单调乏味，难以调动起学生学习的积极性。

篮球教学模式单调是当前篮球教学存在的主要教学问题，这种教学模式难以促进学生轻松自在地完成学习任务，难以使学生在娱乐身心的体验中掌握篮球教学内容，导致大学生虽然掌握了篮球运动技能，但是由于缺乏篮球意识，使其在篮球运动实战中的篮球技术应用缺乏灵活性，不利于大学生在篮球运动过程中独立性和创造性思维的培养，实际的教学过程中学生学习的主动性和积极性不高，教学效果不尽如人意。因此，现阶段探索新的篮球教学模式十分重要。

2. 教学管理不善

我国专门针对学校篮球教学的理论研究相对较少，大多数篮球教学工作者和学校领导的教学管理经验不足，学校篮球教学管理及篮球人才的培养管理主要是通过各市教委体卫处或体育协会来进行管理和指导的，同时这些体育组织还对学校的课余体育训练进行监管。

就我国学校篮球教学现状来看，篮球教学工作主要是在校长的领导下，由体育教研组长实施具体工作内容，而学校、教师、学生作为不同的行为主体，有着不同的教学目标和学习任务，彼此之间难以形成一个共同的为社会培养实用性全面人才的教学目标。

在专业体校中，篮球专业的大学生在参与篮球训练后，大多都想升学和未来发展上享有一定的照顾。然而，目前大多数学校无法做到对篮球后备力量在升学与未来发展环节上进行良好地衔接，一些教练员在训练中不尊重学生的成长发展规律，只顾眼前的学业成绩和科研成绩，忽视了学校篮球后备人才的输送。这不仅严重影响了学校的美誉度和知名度，还在一定程度上影响了学校的篮球后备人才的招生数量和水平。

在综合类高等院校内，由于各个系别之间多重视文化课的教学，对于包括篮球运动在内的体育运动项目的教学重视不够，在教学管理方面也存在着诸多漏洞，很多大学生在体育课中都属于自由活动的状态，篮球教学缺乏必要的管理制度和措施，再加上，校篮球运动队的管理涉及学校的许多部门，导致很多问题的出现，如工作协调起来难度较大，而部分领导和教员对篮球运动人才培养的目的和意义认识不清学校对篮球运动管理机制不予重视等，这些因素都阻碍了篮球教学在高校的科学发展。

3. 忽略学生兴趣的培养

篮球教学要实现良好发展，教学必须重视学生兴趣的培养，改革教学方式，采用趣味教学的方法。教师可着重于实践教学，严格要求学生遵守课堂纪律，要求学生放下手机，鼓励学生积极投入篮球活动当中。可在课前抽取同学来回答对篮球的认识以及期许，询问学生们喜欢的篮球明星，以此加强他们对篮球的学习热情，随后教师还应多强调篮球所带来的益处。同时教师还要做好充足准备，准备更多的篮球活动游戏，经常组织篮球竞赛，鼓励更多的学生参与进来，使更多的学生切身享受篮球所带来的乐趣。其次要注重理论与实践的结合，在实践中加强对篮球技巧的教授，表演篮球技巧与动作，以此提起学生们的兴趣，不断提高学生的篮球技能。在课余时间，可以与学生相互切磋篮球，以此增进师生交流和感情，了解学生对教学的方式的意见并加以改正。

4. 教师的专业素养不足

在高校体育教学过程中，作为主导者，教师的作用举足轻重。目前，我国高校中多数篮球队的教练员是由体育教师代任，他们多数毕业于体育院校，虽然拥有比较系统的体育理论知识，但是他们毕竟不是职业的篮球运动员，参加的比赛较少，实战经验十分有限，对于高水平的篮球运动训练也接触的较少。因此在篮球运动训练和比赛方面的理论和实践的教学方法有所欠缺，而将一些专业的篮球运动员引入高校参与高校篮球教学的建议无法真正落到实处，原因在于这些运动员的篮球运动经验丰富，但缺乏教师专业素养。实践也证实，尽管有部分专业的篮球教练员进入部分高校，但是这对于全面提升高校篮球教练员的整体执教水平仍有一定距离。

因此，当前我国高校篮球教师的专业素养还不够全面，或多或少地存在这样或那样的不足，而篮球教学是理论与实践并重的教学过程，学生的篮球理论知识学习和运动训练实践在很大程度上还依赖于教师的指导，因此，要想提高当前篮球教学水平，促进篮球运动教学的发展，同时教师也要对自身的篮球理论和篮球实践知识进行不断丰富，并不断进行篮球教学方面的科学研究，深入学生，了解学生需求以真正促进篮球教学的发展。

5. 教学训练缺乏科学性

以高校篮球教学中，篮球教练员对篮球队的教学训练为例，当前，我国高校的篮球运动队由于训练强调低、训练时间不足、训练方法单一落后、训练检测和恢复尚不完善等原因，导致篮球运动训练的成果很不理想。

在教学训练方法和手段方面，我国高校篮球队多数是采用一般性的训练手段和方法进行篮球训练，而训练内容也多以技战术为主，其中篮球体能训练往往交由学生根据需要和自身的实际情况自觉完成，心理训练所占的比重就更小了。而对于多数篮球队训练过程的检测和运动后的恢复方面都是处于空白状态。当然，大学生篮球运动员文化基础普遍薄弱，为了兼顾学业，必须付出比其他学生更多的时间和精力，这样会导致精力分散，为学业与打球疲于奔命，压力较大。因此，他们只能利用课余时间中的 2 ~ 3 小时进行练习，这些训练时间只是用于提高专项竞技能力就已经是明显不够的了。这也使得在训练强度方面达不到较高的水准，而低强度、低水平的运动训练很难提高训练质量，因此也影响了我国高校篮球运动员水平的提高。

但不可否认，和上述原因相比，篮球教学训练的不科学性是导致当前普通学生及大学生篮球运动员的篮球运动成绩不高的主要原因。

6. 教学评价体系不健全

在传统的体育教学理念下，片面化的评定严重挫伤了学生学习的热情，学生很难在一个公平的环境下进行学习和评比，这在很大程度上影响了高校篮球课的教学。

当前，我国新的课程标准对具体的体育教学内容没有作特殊和细致的规定，这在很大程度上使得体育教师在教学组织方面有了充分发挥智慧的空间，同时也要求教师在培养学生体育素养的基础上从整体上提高学生的运动能力。但在目前的高校篮球教学中，很多教师在面对新课程时，难以系统地认识和把握新课程标准的体育教学理念，导致其在篮球教学内容选编方面缺乏务实精神，盲目求新，而且目前大多数高校的篮球教学评价仍以终结性评价为主，这种评价形式很不科学，教学评价的形式非常落后、缺乏科学性，难以充分发挥学生在学习中的主体性作用。其不足主要表现在以下几个方面。

①篮球教学的终结性评价只重视学生达标结果的考核，忽视对学生的情意表现、学习态度和进步幅度等内容的评价。导致有些学生虽然认真学习篮球技战术和基本知识，但在最终的学习考试中仍无法取得理想成绩，而另外一些学生却能在篮球教学过程中捡到"漏洞"，而在考试中可以轻而易举拿高分。因此，该评价体系不能客观地评价学生的学习情况。

②终结性评价的教学评价方式使得教师在篮球教学课的考核上，过分重视学生掌握教学内容的结果，忽视对学生的奋斗过程内容的考虑，不利于调动学生学习的积极性和主动性。

③我国高校篮球教学中以终结性评价为主的教学评价体系中，不利于提高学生的创新能力和体育人文价值观的形成，使大学生难以养成终身体育的习惯，不利于高校大学生的健康和全面发展。现阶段，要想建立客观公正的高校篮球教学评价体系，就必须重视高校大学生参与篮球运动的积极性和主体性意识和行为的培养，使大学生在参与篮球运动过程中重视自我运动能力的了解和自我评价，使高校篮球教学评价建立在现代教育理念的基础之上，以真正实现对学生的体育教育目标。

7. 教学经费的投入有限

经济是体育运动发展的"血液"，也是体育运动人才培养的基础。从当前篮球运动存在的社会条件来看，经济条件是影响篮球运动生存和发展的重要因素之一，经济水平对篮球运动的教学规模、教学目标、教学设施以及人才培养等都有着重要的制约作用。

调查显示，目前大部分学校篮球运动的发展都存在经费不足问题，资金来源比较单一，大部分资金来源于学校和上级行政部门的拨款，在训学生没有训练补贴和伙食补贴，没有良好的后勤保障和支持，篮球人才培养得不到经济保障。同时，由于经费缺乏，大部分学校的篮球教学场地和设施有限，同时对篮球教学过程缺乏必要的医务指导。

8. 教师的教学观念陈旧

虽然新课程改革的施行给当前的体育教学注入了清新的气息，但仍然无法改变体育教学整体上"死气沉沉"的局面。在当前的篮球教学中，传统的教学方法和理念仍然占据主要地位，这种落后的方法和理念认为，篮球教学的主要目标是学会和掌握，换言之，也即在教师的指导下，使学生掌握篮球操作技能和实现锻炼身体的目的，主要通过不断强化动作记忆、增加运动量等方式实现。在这个过程中，真正的体育精神得不到体现，学生的主动性得不到发挥，学习热情被抑制，长此以往，所造成的弊端是显而易见的，诸如课堂死气沉沉、学生得过且过、教学效果差强人意之类的问题层出不穷。这种情况，与学生对篮球运动的美好期待是不尽相同甚至南辕北辙的。

9. 教学目标定位不明确

长期以来，我国的竞技体育比大众体育健身和体育教育发展得都快，竞技体育之所以能取得较为理想的成绩，主要是因为管理体制与运营机制与我国的国情是相符的。

相较于竞技体育，我国体育教学行在的问题较多，在高校篮球教学过程中，教学训练和接受教育不能够真正良性共存，一方面，学生自身和学校都更注重文化课程的学习，另一方面，对于篮球教学应该达到什么样的效果或完成什么样的教学任务，学校并没有具体的规定。

当前，篮球教学目标不明确成为制约学校篮球教学发展的一个非常重要的因素。

10. 教学指导思想贯彻不力

学校体育教育的目的是增强学生体质，培养学生"终身体育"的意识，使其成为身心全面发展，为社会培养人才。

一项专门针对我国高校篮球课教学的调查显示，高校篮球教学存在不少问题，

其中，在篮球教学思想方而，我国高校篮球教学中，"以人为本""健康第一""终身体育"等教学指导思想还不够深入，在篮球教学实践活动中体现得不够明显，现阶段，大多数高校大学生在篮球教学课之后并不能对篮球运动有全面、系统的认识，更不要说以篮球运动为终身体育内容了。例如，"三步上篮"技术的学习一直是不同年级、学校的篮球课的考核内容，学生在篮球课上只是进行枯燥的"传球""运球""投篮"等练习，整个教学过程程序化、单调不生动，教师只是单纯地运用语言教学法简单阐述篮球运动的上篮技术动作完成过程，在教学过程中并没有调动学生的积极性，学生缺乏完整的篮球运动技术实践，对篮球技术运用过程中的篮球意识认识较浅，缺乏主体参与意识。高校篮球教学促进学生身心健康的持续发展的教学目标很难实现。

目前，我国各级学校中的体育教学仍以传统的教学方法、以技术教学为中心的体育教学理念，所以，在高校篮球教学中，很难体现篮球运动的知识性和娱乐性，在学习篮球的过程中，学生也无法体验到篮球运动真正的内涵，无法对篮球运动中的那种团结、坚强的精神加以体会，这不利于不能体育教育目标的实现，也不利于通过篮球教学促进学生身心健康的可持续发展和其社会适应能力的提高。

11. 教学内容难以满足学生发展

据调查，我国大学生人群中有高达92.1%的学生都普遍认为，当前高校篮球教学的内

容与中学时期的篮球教学的内容相差无几，没有实质性的突破，基本上是对以往篮球运动内容的充分，缺乏新的篮球运动内容补充和创新。

目前，我国高校篮球课教学内容难以满足学生发展的需求主要表现在两个方面，一方面：高校篮球教学缺乏必要的理论课，教师在课堂中仅仅是对篮球运动理论知识一带而过或根本不作解释，而是直接从篮球运动技术训练开始，这种教学安排违背了学生对事物（篮球运动）认识和理解的基本规律，同时也严重弱化了对篮球运动的技战术知识、竞赛与裁判知识，以及篮球运动的历史文化等理论知识的教学，这些都说明高校在对篮球教学的安排方面不合理；另一方面，随着社会的发展，当前大学生迫切需要的是通过篮球理论课与技术教学相结合，篮球技战术教学与学生兴趣爱好结合，提高篮球运动水平。对于学生而言，篮球教学应适当添加篮球游戏、篮球赛事欣赏等多元化元素的教学理念和实践内容。而从我国篮球教学发展现状来看，现行的高校篮球教学内容是严重落后于学生的发展需求的。

此外，由于受到诸多条件的限制（如教学方法落后），高校篮球运动教学缺乏创新，不能满足当前高校大学生学习篮球运动的需要，难以调动大学生参与篮球运动的积极性和主动性，在现有的高校篮球课堂教学中，教师对学生的主体性不够重重制约了大学生的运动思维和想象力的发展，也不利于学生通过篮球运动的学习养成良好的性格特征，这对未来高校篮球的发展有着很大的消极影响。因此，丰富和开发篮球教学内容，使篮球教学实践符合时代发展潮流，体现时代特征是当前高校篮球运动教学内容改革的重点之一。

12. 训练的综合化水平低

训练的综合化是由提高运动员整体竞技能力训练水平的要求所确定的。因为任何一种训练方法、内容、手段，在解决运动员整体竞技能力的提高上只能起到某方面的作用。训练的综合化在高水平运动员的训练中主要体现在：将多学科的知识和科研成果应用于运动训练过程；各种训练方法、手段的综合运用；训练的各方面的内容在训练不同时期和阶段的同步安排；单元训练时间内身体、技术、战术、心理、意识训练的综合进行。我国篮球运动员的整体竞技能力较低，这与训练的综合化程度不高有直接联系。我们的训练内容和手段都过于简单化，满足不了现代篮球运动发展的要求。训练中往往只注重运动员技战术方面的训练，忽略体能、心理意识等方面的提高（与国外高水平篮球运动员相比，我国运动员恰恰是在体能、心理素质和战术意识方面差距较大），影响了运动员整体竞技水平的提高，导致我们的运动员竞技能力不全面，适应不了现代篮球运动的发展需要。某些篮球"明星"队员在国内比赛中身手不凡，而到了国际赛场上却表现平平，暴露出体能、意识、心理方面的不足，这也反映出其整体竞技能力低的问题。

二、高校篮球教学的发展趋势

（一）树立正确的篮球教学目标

针对我国体育教学中存在的一些问题，篮球教学改革中对教学目标提出了更加详细的要求，篮球教学目标更加科学、细化。目前，大部分高校的篮球教学都十分强调学生的全面发展、整体实力的提高，对学生良好个性的培养和创造力的培养不够重视，因此教师应在高校篮球教学中建立"以我为主，自我发展"的教学理念，并以此为教学指导，促进学生个性特长的发展和发挥。

（二）加强篮球运动的教育功能

篮球运动发展至今日，所具有的增智、健身、教育、社交功能越来越被认同，并且受到人们的广泛重视。现代化社会的发展过程中，人文教育起着非常重要的作用，现代篮球的教育功能主要体现在以下几个方面。

①通过篮球训练与比赛，不仅能够使高校篮球运动员齐心协力、团结协作的集体主义精神得到有效的培养，还可以使身体得到全面锻炼。

②激烈的对抗还可以使高校篮球运动员顽强的意志品质得到较好的培养和建立。

③通过篮球的训练和比赛，使参与到篮球运动中的学生的人格得到修炼，并以此而建立一种人性化的篮球运动。

④在高校竞争激烈的学习环境中，大学生经常性地参与篮球运动锻炼，可以借助篮球活动缓冲学习和生活压力。

⑤学生参与高校篮球活动能陶冶他们的情操、锻炼意志，修养品行、培养团队精神和增强使命感、责任感、荣誉感。

（三）加强篮球教师队伍的建设

高校篮球教师是高校篮球教学活动的主导者，教师在教学活动中发挥了重要的指导作用，提高篮球教师的基本素质和专业素质，不断提高他们的专业水平和训练水平，有助于提高篮球教学质量、培养更多更优秀的篮球运动人才。因此，加强篮球教师队伍的建设是未来篮球教学的重要发展趋势之一。

加强篮球教师队伍的建设，具体应做好以下几个方面的工作。

①建立严格的上岗制度，加强对高校篮球教师和教练员的教学和培训监督。

②教育行政主管部门要了解篮球教师的实际需要，为他们创造在职培训的有利条件。

③重点培养有责任感的篮球教师队伍，提高教师的理论水平，使其学会科学教学训练手段和方法。

④重视培养和引进经验丰富、高学历、富有创新意识的篮球教师，提高整个教师队伍的教学质量和科研水平。

⑤关心教师，改善教练待遇，调动他们的教学积极性。

（四）增加篮球教学的资金投入

经费不足是篮球教学和训练面临的重要问题。对普通的综合性高校的篮球教学来讲，由于用于篮球科研、教学、场地建设的经费有限，使得篮球教学的软件设施和硬件设施无法满足篮球教学和训练的需要，经费条件的严重匮乏，严重影响了篮球教学活动的开展。

现阶段增加篮球教学的资金状况，应重视两个方面因素的控制，一方面，要改变以往单靠学费或教委、体委投资以及社会赞助等单一的资金投入方式。另一方面，政府部门应该积极给予在政策上的支持，同时学校要积极转变观念、扩大渠道，以改善高校体育教学的现有的经济条件，为篮球教学、科研、训练提供资金支持。

（五）以篮球文化传播促教学发展

1. 提升学生的人文素养

实践表明，现代文化可以起到分界线的作用，能表达组织成员对组织的认同感、重视组织利益，有助于增强组织的稳定性，引导和塑造成员的良好的态度和行为。

篮球文化是篮球运动的重要组成部分，高校大学生通过学习篮球运动能受到篮球运动文化的影响，这种影响是潜在的，又是非常重要的，特别是对学生的行为习惯的养成具有重要的促进作用。具体来说，在高校篮球运动教学中，教师应重视对篮球文化知识的详细阐述和介绍，使学生更加深入地认识篮球运动中所蕴含的合作精神、竞争精神、拼搏精神和民族精神，使学生通过学习篮球运动来养成积极向上、遵守规则、热爱民族和国家的优秀品格。

2. 培养学生终身体育意识

在教学活动中，学生的学习应该是一个主动、能动性的学习活动，这一过程具有自主性、互动性和开放性的特点。具体来说，在参与篮球活动的过程中，高校大学生可以结识具有同样兴趣爱好的学生，这对于其扩大自己的交际圈、培养自己的人际交往能力具有重要的作用，此外通过与他人（尤其是志同道合的人）接触，有利于大学生学习对方的优秀品质，对大学生积极学习、提升自我、挑战自我以及积极创新具有重要的促进作用。因此，篮球运动不仅能增强学生的身体素质、提高学生的运动能力，还能在学生进入社会后继续受益，教师在高校教学中应让学生充分认识到这一点，以促进其将篮球运动作为一项终身受用的运动来学习，引导学生树立正确的体育价值观，使学生终身受益。

3. 将篮球文化内化为自我价值

促使学生将篮球文化内化为自我价值，以建立学生自我主动学习的习惯是我国高校篮球教学课的首要任务。

目前，很多大学生对篮球知识了解较少，对篮球的认识存在着很大的局限性仅会简单的篮球技术动作，这在一定程度上制约着高校篮球教学的发展。因此，现代篮球教学应重视引导学生学习篮球文化并将篮球文化内化，具体做好以下两方面的工作。

首先，体育教师应注重和合理安排篮球理论课，通过教学过程中的系统全面地讲解，让学生了解篮球运动的发展历程及发展趋势，熟悉篮球运动基本技、战术原理，并掌握篮球运动的相关医疗保健知识及裁判知识。

其次，在高校篮球教学中，教师应重视和充分发挥篮球教学的育人价值，让篮球知识内化为学生的自我价值，使学生通过学习篮球运动陶冶情操、磨炼意志，使学生塑造健全的人格。

（六）篮球教学活动形式的多样化

由于篮球运动自身具有集体协同、时空对抗等特点，所以深受广大学生的喜爱，并在高校校园内得到了广泛的普及和发展，成为颇具校园文化色彩的、名副其实的文化娱乐活动。又由于篮球运动本身具有一定的挑战性和趣味性，所以，几乎我国的所有高校都开设了篮球运动，成为大学生学习和生活的重要组成部分。

另外，由于高校篮球活动具有多种多样的形式，学生将篮球运动衍生出了多种玩法。其中，街头篮球、三对三、四对四篮球比赛等备受青睐，这些运动在高校中得到了普遍发展，并且取得了较好的效果，已成为大学生生活、学习中的重要组成部分，也是篮球教学的一个发展重点。

（七）重视突出篮球运动竞技特点

现阶段，篮球竞技水平和技、战术的发展趋势显著。高校篮球教学也更加重视突出篮球运动的竞技性特点，重视在发展学生身体素质的基础上，重视篮球竞技实力的提高。

篮球技战术的发展趋势主要体现在以下几个方面。

①篮球竞技活动中运动员高度和灵活度的结合。高度与灵活度结合起来，是高校篮球运动发展的一个趋势。在现代篮球中，运动员的身高影响其攻防转换速度，这就要求高校篮球队在选拔和训练学生时不仅重视平均身高，而且还要对高大队员的素质提出更高的要求，即要求运动员提高制空能力，同时强化力量和弹跳能力，将弹跳力、敏捷的奔跑速度、精湛的篮球技术和技巧融于一体，就会成为具有统治力的球员。在此基础上突出"灵活性"，争取向高中有灵、高中有巧的方向发展。

②速度和准确度的结合。由于篮球规则对进攻时间的限制越来越大，进攻时间越来越短。这就决定着比赛的速度也会越来越快。另外，战术的变化也在一定程度上要求速度的提高。此外，篮球运动过程中还十分强调攻守的快速转换，要求队员之间默契配合，重视反击，提高投篮次数。这种高速度、高强度、高投篮率都要求篮球运动速度与准确度密切配合。在保证速度有节奏的、有条件的同时，还要注意准确度的提高，只有准确度有了保证，才有可能取得好的成绩，才有可能取得比赛的胜利。所以根据这一趋势，在今后的训练中要增加在运动中投篮和抢投的练习，力争在快速的攻防转换中还能得分。总之，篮球比赛对抗中对于速度的转换和精准度的要求将成为未来高校篮球运动中的一大趋势。随着高校篮球运动的发展，大学生运动员对速度的理解也将更加全面和合理。

③技术全面和特长的结合。现代篮球高强度的对抗要求运动员的技术要尽可能地全面，不能出现明显的短板，这将是高校篮球运动未来的一大趋势，同时这也是高校篮球对运动员的要求。技术全面的同时还要有特长技术，就是要求队员技术全面，能里能外、能快能

缓地适应战术调整的同时，还应在某一项技术上异于常人的本领，形成了个人的特长技术。

④凶悍和智谋的结合。凶悍和智谋是高校篮球发展的新观念、新趋势。一方有胆识、有毅力和有勇气地与另一方的对抗是攻守对抗的日趋激烈的重要体现，也是现代篮球运动的特点之一。对抗的胜利决定比赛的胜利。目前，现在的大学生已普遍意识到强悍作风与拼斗能力的重要性。因此，很多高校的篮球队在拼斗凶悍的基础上，也重视"智谋"的训练和比拼。

⑤常规和创新的结合。创新是事物向前发展的灵魂，创新也是高校篮球发展的突出特点与趋势。篮球运动的发展过程是一个不断继承与创新的过程。高校篮球运动的技战术都要随时代的发展而不断创新，只有不断进行创新，才能突破高校篮球运动发展的各种障碍，才能促进学生篮球运动水平的提高和篮球技战术风格的形成，才能使高校篮球运动充满活力，获得更加快速的发展。

总之，高校篮球教学不仅仅要增强大学生的体能素质，还要充分利用篮球的竞技性提高学生的篮球运动水平和实战能力，并通过篮球竞技提高大学生的竞争和合作意识，使大学生成为适应社会发展的全面性人才。

（八）更加重视理论与实际的结合

科技的进步使得更多先进的科技被广泛应用于篮球教学活动中，传统的篮球观念、理论、技术、战术和体能水平以及训练手段得到了不断改进和创新，这是篮球教学的重要发展趋势。

在篮球教学过程中，对于学生篮球活动的组织将更加体现出丰富多彩的基本特点，战术手段与训练、比赛实践相结合，实现了篮球观念的新转变。

随着现代篮球运动的不断发展，新的理论观点层出不穷，新的竞赛制度不断得到完善，新的规则实现了进一步的充实和发展，从而形成从篮球理论到篮球实践内容的不断创新和发展。这对于高校更多的大学生篮球运动水平的提高具有非常积极的促进作用，同时，对高校篮球教学的长久发展和不断完善也有着积极的推动作用。

（九）建立健全篮球教学管理制度

当前，引进新的管理理念，建立健全篮球教学管理体系有助于篮球教学的优化在现代高校篮球教学管理中，要积极借鉴和学习国外的先进管理经验。如美国大学生体育联合会有着完善的组织机构和科学的管理理念，这种先进的管理理念对我国篮球教学和篮球人才培养管理机制的完善建设具有重要的启示作用，主要表现如下。

一是提升管理理念，改变以往依赖于学校的管理模式，充分发挥体育教师和学生的作用，使他们参与其中。

二是完善大学生篮球协会的组织机构和职能，重视对大学生篮球课外活动和比赛的管理，建立起有利于大学生运动和训练的教练员轮流管理制度。

三是处理好篮球训练管理和篮球教学管理之间的矛盾，通过加强普通大学生与篮球运动员之间的交流和合作、统一管理等方式来提高篮球训练管理和篮球教学管理水平。

四是高校其他管理部门要积极配合高校篮球教学管理部门的各项工作，各部门之间加强组织协调，建立灵活多样的调控机制。

（十）构建科学的篮球教学评价体系

如今，我国各级学校还尚不具备健全的篮球教学评价体系，篮球教学训练工作的实施缺乏科学性和系统性，迫切需要构建一套完整的教学评价体系，来对现代篮球教学加以指导。

在对科学的篮球教学评价体系进行构建时，应着手于以下三个方面。

一是通过国家体育教育教学的相关基金项目增设关于篮球运动项目教学评价体系的研究项目。

二是通过校级课题立项形式，加强研究高校的篮球教学评价体系建设。

三是鼓励教师和学生多提意见和建议，加强对科学篮球教学评价体系的理论和实践探索。

第三章 高校篮球技术教学

篮球技术在初创和传播时期，仅有传接球、运球、投篮、争球几类动作，方法少而简单。经过约半个世纪的实践与完善，篮球技术已形成了进攻技术和防守技术两大类，各大类又各自有多类动作，各类动作的方法已由少变多，并建立了一个比较完整的篮球技术动作体系。篮球技术的发展，经历了一个从低级向高级发展的过程，呈现出连续性与阶段性的特点，始终不断地向着更高水平前进。本章主要分为篮球技术概论、篮球运动进攻技术教学、篮球运动防守技术教学三部分。主要内容包括：篮球技术的概念与特征、篮球技术的作用、篮球技术的运用基础与特点等方面。

第一节 篮球技术概论

一、篮球技术的概念与特征

（一）篮球技术的概念

篮球技术是篮球比赛中为了达到进攻与防守目的所采用的专门动作方法的总称，亦是篮球运动进攻和防守动作体系的总和。

篮球技术是在运动实践中逐步形成、发展和完善起来的，随着篮球运动攻守技术的发展、竞赛规则的演变和运动员素质的提高，促使各类技术动作得以改进、完善和创新。篮球技术是篮球战术的基础。任何战术意图和战术方法的实现，主要取决于队员是否掌握相应数量的、熟练而准确的技术，并能有意识地加以运用，以达到战术的要求。因此，队员必须掌握全面的技术，并不断提高，以适应现代篮球比赛发展的要求。

（二）篮球技术的特征

1. 技术与技术动作的关系

篮球技术是以技术动作为基础，以身体素质为保证，以意识为前导，以战术为形式，通过各种技术动作在比赛中来体现的，反映了运动员技术动作完成的合理性、实效性和观赏性。

就技术与技术动作的相互关系而言，技术含义相对比较广泛，而技术动作的含义则比较具体。从广义来看，技术是运动员在比赛中所完成的动作，具有运用的成分；而技术动作则是具体化的技术方法或手段，是指技术动作本身的规格、表现形式、运动节奏、身体姿势、动作轨迹、动作时间、动作速度、动作力量、速率、节奏等方面。

当涉及技术问题时，往往需要注意动作本身的各个因素，还要考虑技术动作的效果，而这种"效果"是运动员通过完成各种动作，在对抗的环境下表现出来。所以说，动作是技术的表现形式，是技术的载体；技术是动作的内在属性、内在根据。技术必须通过动作表现出来，只有通过技术动作的表现，才能在比赛中表现出运动员的技术。

简单地讲，篮球技术动作就是单个基础动作。篮球技术动作的完成都是按照一定的顺序、方向、路线、节奏、时间、空间和用力的严格规定进行的。篮球技术中任何技术动作都有严格的动作规范和要求。其动作方法必须适应人体解剖学和运动生物力学的基本原理，并以篮球规则为依据。正确的技术动作应是合理，完美的，既协调又省力，并适应对抗的需要。

2. 篮球技术动作的特征

（1）动作完成的变异性

篮球技术动作具有相对稳定的动作环节，各环节之间按一定顺序连接构成，组成技术的微观结构。如双手胸前传球有蹬地、伸臂、翻腕、手指拨球4个环节，这4个环节按特定的、不予更改的顺序构成双手胸前传球的动作结构。从动作的完成角度来讲，技术动作的结构是不能随意改变的。对动作基本环节的掌握程度和对各个环节的串联节奏，决定着技术动作的完成质量与效果。

然而，在比赛中技术动作的运用必须随着场上的变化而变化，根据对手情况，灵活地改变固有的动作结构，即改变技术动作完成时的用力大小、方向、节奏、时间、动作幅度，确定运用技术的方式，创造性地完成各种攻守技术，它反映了运动员篮球意识与技术储备的有机结合。

（2）动作组合的多变性

多变性表现为动作组合的固定与不固定相结合。篮球技术的动作包含着固定与不固定两个方面：从单个动作结构来看，它是固定的；但从两个或两个以上单个动作的组合来看，它又是不固定的。如双手胸前传球的动作是固定的，它是运动员经过反复的练习与雕刻而形成的；而双手胸前传球后不论是与徒手摆脱切入组合，还是与掩护组合，都要根据场上的情况而决定，体现了不固定性。篮球动作的固定性保证着动作质量，而不固定性则是动作实效性的基础。

（3）动作运用的多元性

篮球运动隶属开放式技能项目。从篮球技术的外部现象来看，技术动作有位移和非位移、支撑状态和无支撑状态、周期性的和非周期性，以及双手和单手的动作。运动成分和运动要素多种多样，表现在方法上有单个动作和组合动作，而组合动作又有有球的组合和无球的组合，有球与无球的混合组合，技术的完成形式多属于组合形式，动作运用具有多元化特征。

3. 篮球技术的特征

（1）身体动作与控制支配球的结合

篮球技术区别于其他运动项目技术的最显著特点，就是运动者用手直接控制和支配球，并与全身协调配合组成各种专门动作，最后通过手部的动作控制、支配球的运行和争夺获球，使身体动作与控制支配球融合为一体，展现出篮球技术的魅力。

（2）动态与对抗的结合

篮球竞赛本身就是一个攻守对抗的动态过程，一切篮球技术都是在动态和对抗中操作，快速、准确、实用、多变，充分表明了在争取时空主动上的合理性和创造性，两者的结合则是篮球技术的又一特征。

（3）相对稳定与随机应变的结合

任何运动技术都具有相对稳定的动作环节，篮球技术也不例外，但它又是必须随着环境的变化而变化，随着对手的变化而变化，并要及时做出应答动作的开放性技能。要在攻守对抗中各种不同条件下去组合动作，随机应变创造性地完成攻守任务。

（4）规范性与个体差异的结合

任何运动技术都必须符合科学的原理而具有一定的规范性，某些动作环节的规范影响着球的运行和效果，因此，必须按规律来操作。然而，队员有个体的差异性而表现出不同动作的特点和风格，这在篮球比赛中尤为突出，因此，在训练与比赛中不能强求动作外形的模式，而要讲求实效。对于比赛中运动员技术动作的完成，应视赛场情况的变化和运动员自身应变能力而定，除强调一般技术规格外，还可表现个人的技术特点。

二、篮球技术的作用

篮球技术是指在篮球比赛中，运动员为战胜对手，所采用的各种专门动作方法的总称，它包括由这些动作方法组合而成的攻守技术动作体系。

篮球技术是篮球比赛的基本手段，也是运动员比赛行为的核心。在比赛中，队员的智慧、技能、应变能力、作风和创造力都是通过篮球技术在对抗中集中表现出来的，它是运动员竞技水平最显著的标志。

篮球技术又是篮球战术的基础。在比赛中，运动员技术的运用和表现，实质上都是通过各种战术形式和方法得以实现的。在比赛中，战术是形式，技术是内容，任何战术意图和战术方法的实现，都需要熟练准确的技术动作和应变能力作保证。

因此，篮球技术的运用，既要体现技术动作方法的合理性，又要体现解决比赛任务的实效性。在比赛中，一切技术的运用都是以技术动作的组合形式出现的，技术动作的组合是攻守对抗的基础，也是技术运用的重要保证。队员只有在掌握多种单个技术动作的基础上，形成规范的动作定型，达到快速、熟练、准确，为技术动作的组合运用打下基础，才能提高运动员技术的应变能力。

三、篮球技术的运用基础与特点

篮球技术的运用，是指运动员个人在比赛行动中合理使用技术动作的表现与发挥。

比赛实践证明，运动员的技术运用要想发挥最佳效果，主要取决于以下因素：①全面、熟练掌握各种技术动作是技术运用的前提。②良好的体能是技术运用的保证。③稳定的心理素质是技术运用的灵魂。这三点缺一不可，它们相互影响，相互促进，是篮球技术运用的基础。

现代篮球技术的运用特点主要表现如下。

①快速性。篮球比赛速度日趋加快，双方在攻守交错中对抗，必须果断迅速地做出决断并付诸行动，否则错过时机，场上情况又会发生变化。机不可失，决断与行动必须迅速统一，这样才能取得主动与优势。

②组合性。篮球技术在比赛中运用时，几乎都是动作组合的运用，而不是单个动作或固定程序的运用。必须根据不同情况，采用先后组合、同步组合、无球组合、有球组合等形式去应对比赛中出现的各种变化，去完成攻守的具体任务。

③多变性。篮球技术运用不仅有动作组合的多样性，还在于行动中的多变性，表现在动作操作上的主变、应变、静中变、动中变，以及在方向、速度、路线、节奏、幅度等方面的变化，最后达到准确性的要求。实效与多变是技术运用的核心，也是最为突出的表现。

四、影响篮球技术发展的因素

篮球技术的发展是一个实践过程，推动着技术的改进、完善与创新。在这个过程中，人与人之间的一种特殊关系与篮球技术的发展息息相关。运动员是篮球技术主体的操作者，直接影响着技术的质量与发展，而指导者的组织、身教、经验等对篮球技术的发展起着重要的作用，科研人员对篮球技术的研究也越来越发挥着积极的作用，他们之间结成了主体、主导和协作相辅的关系。这里，人是最重要的因素，从设计到实践，从教学到训练，从改进到完善，从研究到创新，是促进篮球技术发展的内在动力。

当然，除了人的因素外，并不排斥物的要素，如场地、器材、设备等在一定程度上也促进篮球技术的发展。篮球是竞技性运动项目，竞赛规则对篮球技术的发展有着导向的作用，影响着攻守技术之间平衡与不平衡的发展。由于规则的一些具体规定，在一定的时间内也直接制约和推动着某些篮球技术与战术的发展速度。篮球竞赛所创造的竞技环境与条件，也使篮球技术得以表现发挥、广泛交流.相互学习和共同提高。尤其篮球竞赛的商业化发展趋势，也使篮球技术受到市场价值规律的驱动而产生积极的影响。当今体育科学中的许多基础学科和边缘学科的发展，使得它们的理论与方法为研究篮球技术的理论和动作方法的更新提供了依据，起到了指导和论证的作用。同时在教学训练、竞赛、科研等领域中，运用一些先进的科技手段，也对篮球技术的发展有着促进的作用。

第二节　篮球运动进攻技术教学

一、移动

移动是篮球技术中攻防技术运用的基础。移动技术是队员在比赛中为了改变速度、方向和高度所采用的各种脚步动作方法的总称。在篮球比赛中，各种攻防技术动作的完成与运用，都需要脚步动作的配合。所以，要求篮球运动员在比赛中，积极快速地移动，合理运用各种脚步动作，充分占据有限的地面与空间，争取掌握攻防的主动。因此，在篮球技术教学与训练中，特别要重视移动技术的教学。

（一）移动技术的分类和教学步骤

移动技术作为完成各项技术动作的基础，在篮球比赛中被广泛运用。移动技术分为起动、跑、跳、急停、转身、滑步、后撤步、绕步、攻击步。其中，跑分为变速跑、变向跑、侧身跑、后退跑；跳分为单脚起跳、双脚起跳；急停分为跨步急停、跳步急停；转身分为前转身、后转身；滑步分为前滑步、后滑步、测滑步；绕步分为绕前步、绕后步。

移动技术教学步骤为：①移动技术教学顺序是：基本站立姿势、起动、跑、急停、转身、跳、滑步，其主要是遵循先易后难、先攻后守的顺序。②移动技术的教学与练习步骤，应先在原地练习，让学生体会动作方法和难点，然后在慢跑中学习掌握正确的动作方法，在掌握各种移动技术之后，要结合一对一的攻守对抗练习，培养、提高学生运用移动技术的意识和能力。

（二）移动技术动作方法

1.起动

所谓起动，是指队员在篮球场上由静止状态变为运动状态的一种起始动作。进攻队员快速起动，能迅速掌握进攻的主动，摆脱防守，抢占有利的进攻位置；防守队员突然起动，能及时占领有利防守位置阻止对方的进攻。篮球比赛中，移动速度主要表现在起动速度上。

动作方法：保持基本的站立姿势，起动时，身体重心向跑动方向移动。脚（向前起动）或异侧脚（向侧面起动）的前脚掌内侧突然用力蹬地，两臂积极配合摆动。迈步时，前两步要短促、快速。身体重心逐渐前移，上体逐渐抬起，在最短的时间里获得最大的速度。

动作要领：身体重心迅速前移，猛蹬地，步幅小而快。

2.跑

跑是为了完成攻守任务而争取时间的脚步动作，具有快速、突然、多变之特点。比赛中常用的跑有以下几种形式。

①变速跑。变速跑是队员在跑动中利用速度的变换，迷惑对手，争取攻防主动，来完成攻守任务的一种方法。

动作方法：跑动中，慢跑变快跑时，重心迅速前移，前脚掌迅速向后蹬地，前两步短促迅速，两臂快速摆动；由快跑变慢跑时，步幅加大，上体抬起，重心稍降低，可使用前脚掌抵地来抵消前进冲力。

动作要领：速度变化明显。掌握跑动的节奏。

②变向跑。变向跑是队员在跑动中利用突然改变方向完成攻守任务的一种方法。变向跑常与变向后的快速跑结合运用，借以甩开防守，达到接球、抢位的进攻目的。

动作方法：在跑动中，向左变向时，右脚前脚掌落地（脚尖稍向左转），并且用前脚掌内侧用力蹬地，屈膝、腰部随之左转，上体向左前倾，快速移动重心，左脚向左前方跨出，然后加速前进。而向右变向时，动作则相反。

动作要领：前脚掌内侧用力蹬地，重心转移要快，右脚上步快。

③侧身跑。跑动时，队员为观察场上情况而常用的跑动方法。比赛中，队员在跑动时为了抢占或接球经常采用侧身跑。

动作方法：侧身跑时，脚尖向前，头部和上体自然向有球方向扭转，以便观察场上情况。

动作要领：侧身跑动，脚尖向前。

④后退跑。后退跑是队员在球场上背对前进方向的一种跑动方法。是队员在由攻转守时，为了观察场上情况而采用的一种跑步方法。

动作方法：后退跑时，脚跟提起，两脚提踵，用前脚掌交替蹬地提膝向后跑动，此时上体放松直起，两臂屈肘相应摆动，保持身体平衡，两眼平视场上情况。

动作要领：脚跟提起，上体放松，前脚掌用力蹬地。

3. 跳

所谓跳是在球场上争取高度及远度的一种动作方法。跳的方式一般有两种，分别是双脚跳和单脚跳。

①双脚起跳。动作方法：起跳时，两膝弯曲降低重心，上体前倾，然后两脚用力蹬地，伸膝、提腰，两臂迅速向前上摆，使身体向上腾起。上体在空中要自然伸展，收腰，下肢放松。落地时，用前脚掌先着地，并屈膝缓冲身体下落的重力，保持身体平衡，以便衔接下一个动作。双脚起跳多一般在原地运用，也可以在上步、并步、跳步和助跑情况下运用。

②单脚起跳。单脚起跳多在跑动中进行，常用于投篮、抢断球、抢篮板球等情况。

动作方法：单脚起跳时，起跳腿迅速屈膝，同时脚跟积极着地，并迅速过渡到前脚掌用力蹬地，同时，腰胯用力上提，两臂用力上摆，另一腿屈膝上抬，加快起跳速度。当身体腾起到空中高点时，两腿自然伸直并拢，身体伸展。落地时双腿屈膝缓冲，以利于控制身体的平衡。

动作要领：起跳腿用力蹬伸，摆动腿、腰腹、两臂和上体要协调配合并向上用力。

4. 急停

急停是队员在跑动中突然制动速度的一种动作方法，它也是各种脚步动作衔接和变化的过渡动作。急停的动作主要有两种，分别是跨步急停和跳步急停。

①跨步急停。跨步急停又称"两步急停"或"单脚急停"。

动作方法：在快速跑动中，跨步急停时，第一步跨出要稍大，用脚外侧着地，屈膝，同时上体稍后仰，重心后移。然后，再跨出第二步，脚着地时脚尖稍向内转，用前脚掌内侧蹬地，两膝弯曲，身体稍有侧转，微向前倾，重心移至两脚之间.两臂屈肘并自然张开，帮助控制身体平衡。

动作要领：着地制动、降低重心，第二步前脚掌用力抵地，体内收，转体。

②跳步急停。跳步急停又称"一步急停"或"双脚急停"。

队员在中慢跑时，用单脚或双脚起跳（一般离地面不高），上体稍微后倾，两脚同时落地，约与肩同宽，前脚掌用力抵地，屈膝降重心，重心落在两腿之间，两臂屈肘微张，以保持身体平衡。

动作要领：控制好起跳的高度，双脚落地时，屈膝并降低重心，膝关节内收，脚内扣，控制身体平衡。

5. 转身

转身是队员以一脚蹬地向前或向后跨步的同时，另一脚做中枢脚进行旋转而改变身体方向的一种动作方法。转身时，重心移向中枢脚，另一只脚的前脚掌蹬地，同时中枢脚以前脚掌专轴用力碾地，上体随着移动脚转动，以肩带腰向前或向后改变身体方向，转身后，重心要转移到两脚之间。

转身可以分为前转身和后转身。前转身是移动脚蹬地在中枢脚前方（身前）进行弧形移动；后转身是移动脚蹬地在中枢脚后方（身后）进行弧形移动。

6. 滑步

滑步是防守队员移动的主要动作方法。它易于保持身体平衡，可向任何方向移动。滑步可向侧、向前和向后进行滑动和做后撤步来阻截对方的移动。滑步可分为侧滑步、前滑步和后滑步三种。

①前滑步。动作方法：两脚前后开立，向前滑步时，前脚向前迈步的同时，脚尖指向滑动方向，后脚内侧用力蹬地，跟随向前滑动。滑动时，上体稍前倾，前脚同侧臂前伸，异侧臂侧伸，保持前后开立的低重心姿势。前滑步的动作要领如图4-9所示。

动作要领：重心平稳，步法连贯，上体与两臂配合要协调。

②后滑步。后滑步的动作与前滑步相同，只是移动方向是相反的。

动作要领：重心平稳，前脚回撤快，腹部和上体要协调配合，后脚掌积极碾地。

③侧滑步。从基本站立姿势开始，两脚平行站立，两膝较深弯曲，上体微向前倾，两臂侧伸身体不要上下起伏，重心保持在两脚之间，眼要注视对手。向左滑步时，右脚前

脚掌内侧蹬地的同时，左脚向左侧跨出，左脚落地，右脚向左脚靠拢半步落地，腰胯用力，保持低重心的水平移动。向右滑步时，动作方法相同，移动方向相反。

动作要领：重心平稳，脚沿地面滑动，上体及手臂协调配合。

二、传接球

传接球是篮球运动中重要技术之一，也是篮球比赛中运用最多的一项基本技术。传接球是指在篮球比赛中进攻队员之间有目的地支配球、转移球的方法。它是进攻队员在场上相互联系和组织进攻的纽带，也是实现战术配合的具体手段。因此传接球技术的好坏，直接影响战术质量和比赛的胜负。

（一）传接球技术分类和教学步骤

传接球技术可分为传球技术和接球技术，但是无论是传球技术还是接球技术，又都有单双手之分。

传接球技术的教学，首先通过讲解与示范的方法使学生初步掌握原地传接球的动作方法，然后逐步过渡到行进间传接球的教学；然后在掌握动作规范的基础上进行移动传接球的教学，再进行与其他技术相结合教学，最后再进行有防守情况下的练习，从而达到提高在实战中的运用能力之目的。

（二）传球技术动作方法

1. 双手胸前传球

在篮球比赛中，双手胸前传球是最基本、最常用的传球方法。运用双手胸前传球技术所传出的球快速有力，可使用于不同距离、不同方向，而且便于和投篮、突破等动作结合运用。

动作方法：两手手指自然分开，拇指成八字形相对，用指根以上部位持球，手心空出。两肘自然弯曲于体侧，将球置于胸腹之间的部位，身体成基本站立姿势。传球时，后脚蹬地，身体重心适当前移，同时前臂快速伸向传球方向，手腕前屈，拇指用力下压，食指和中指用力拨球将球传出。球出手后身体迅速调整为基本站立姿势。传球距离较近时，前臂前伸的幅度、蹬地、腰腹和伸臂的协调用力相对较小；远距离的传球，则需加大蹬地、腰腹和伸臂的协调用力；传球距离越远，蹬地、伸臂的动作幅度则越大。

双手胸前传球可在原地和跑动中进行。跑动中双手胸前接球和传球是一个连贯动作。接球时手、脚动作必须协调配合，一般是左（右）脚上步接球后，右（左）脚上步，左（右）脚抬起在落地前出球。传球的动作过程是双手接球后迅速收臂后引，接着迅速伸前臂，手腕前屈，手指拨球，将球传出。

2. 单手肩上传球

单手肩上传球是单手传球中一种最基本的方法。这种传球力量大，出球方向多，速度快，常用于中、远距离传球，在发动长传快攻时运用较多。

动作方法：右手传球时，左脚向传球方向迈出半步，右手托球，同时将球引到右肩上方，肘部外展，上臂与地面近似平行，手腕后仰。左肩对着传球方向，重心落在右脚上，右脚蹬地，向左扭腰转肩，带动右前臂迅速向前挥摆，并扣腕拨球，通过食指、中指用力拨球将球传出，要有明显的屈腕鞭打动作。球出手后，右脚随着身体重心前移，保持基本站立姿势。

动作要领：自上而下发力，蹬地、扭转肩、挥臂扣腕动作要连贯。

3. 单手体侧传球

单手体侧传球是一种近距离隐蔽传球的方法。主要用于近距离的外线队员向内线队员传球。与跨步、突破等假动作结合运用效果较好。

动作方法：两脚开立，双手持球于胸前。右手传球时，左脚向左侧前方跨步的同时将球引至身体右侧呈右手单手持球，出球前的一刹那，持球手的拇指在上，手心向前，手腕后屈。臂向前做弧线摆动，手腕前屈，用食、中指的力量将球拨出，出球部位在体侧。

动作要领：跨步动作与向体侧引球动作同时进行，前臂摆动要快。传球手腕要用力。

（三）接球技术动作方法

接球是一种获得球的动作，是传球配合、抢篮板球和抢断球技术的基础，是篮球运动中的主要技术之一。在激烈的对抗中，能否正确、顺利地接球，很大程度决定了队员是否能够减少传球失误、弥补传球不足以及截获对方传球等。接球有双手接球和单手接球两种。

1. 双手接球

双手接球是一种最基本的接球方法，也是在篮球比赛中运用最多的动作方法之一。接球时，两眼注视来球，两臂伸出迎球，手指自然分开，两拇指相对呈"八"字形，掌心斜向前呈半圆形，以掌外侧小拇指一侧斜对球，两臂伸出主动迎球，两眼注视来球，当手指触球时，两臂随球后引缓冲来球的力量，两手握球于胸腹之间。保持身体平衡，做好传球、投篮或突破的准备。

2. 单手接球

单手接球控制范围大，能接不同方向的来球，特别是接高空球和距身体较远的来球有较大优势。但是单手接球不如双手接球牢稳，因此，在一般情况下应尽量用双手接球。

如用右手接球，右脚向来球方向迈出，两眼注视来球。五指自然分开，掌腕微屈成勺形，接球臂向来球方向伸出。当球触手指时，手臂顺势随球下引并向内收，另一手迅速跟上护球，双手将球拉至胸腹之间，保持持球姿势。

三、运球

运球，是指持球队员在原地或移动中，用手连续按拍由地面反弹起来的球的一类动作方法。运球是篮球比赛中进攻的重要手段，它不仅是运动员摆脱防守尤其是紧逼人盯人防守进行攻击的一种重要方法，也是串联全队配合的重要技术。熟练的运球技术有助于提高控球和支配球的能力以及个人攻击和组织全队配合的能力。

（一）运球技术分类和教学步骤

运球技术动作方法很多，主要分为原地运球和行进间运球两大类。原地运球分为高运球、低运球；进行间运球分为运球急停急起、体前变向运球、运球转身、背后运球、胯下运球。

运球技术的教学步骤一般应先教原地运球、行进间高与低运球、运球停急起、体前变向运球、背后运球、转身运球和胯下运球。教师要向学生讲清运球的目的和作用，以及运用的时机、动作方法、动作要领和关键环节，指导其掌握正确的运球技术。

（二）运球基本动作

身体姿势：两膝保持相应的弯曲度，上体稍微前倾，抬头，注意观察场上的情况。上肢动作：以肩关节为轴，上臂带动前臂发力，肘关节自然放松，运球手五指自然分开，扩大控球面，用手指、指根以上部位及手掌的外缘接触球，掌心内凹，按珀球时手心空出。按拍球的部位由运球的方向和速度来决定。按拍球部位不同，球的落点就不同，球的入射角与反射角也不同。按拍球的力量大小，决定着球从地面反弹的高度与速度。按拍球时手应随球上下迎送，尽量延长吸附球的时间，这样有利于控制支配和保护球，便于改变运球动作和观察场上情况。

（三）运球技术动作方法

1. 高运球

动作方法：运球时，两腿微屈，眼平视，手用力向前下方推按球，球的落点在身体侧前方，使球反弹的高度在胸腹之前，手脚协调配合，使球有节奏地向前运行，常用于没有防守队员时从后场往前场的推进。

动作要领：推按球要用力，手脚配合要协调。

2. 低运球

动作方法：两腿深屈，抬头，目视前方，上体前倾，身体半蹲，用手短促地按拍球，非运球的手臂架起，握紧拳头收缩手臂肌肉，用身体、手臂和腿保护球.球反弹的高度在膝关节以下，便于控制球和摆脱防守继续前进。

动作要领：降低重心，目视前方，注意保护球。

3. 运球急停急起

运球急停急起是在对方防守较紧时，利用速度的变化摆脱对手。在快速运球中突然急停，使身体重心下降，手按拍球的前上方，使球停止向前运行，目视前方，两脚用力蹬地，上体迅速前倾起动，同时手按拍球的后侧上方，人、球同步快速前进。

4.体前变向运球

体前变向运球是在快速运球推进中运用，当对手堵截运球前进的路线时，突然向左或右改变运球方向，从而摆脱对方防守。

动作方法：以右手运球为例，运球队员从防守队员左侧变向突破时，先向其右侧做变向运球假动作，当对手移动堵截运球时，突然用右手按拍球的右侧后上方，使球经自己体前向左侧前方反弹。同时左脚迅速随球向左侧前方跨步，上体同时向左扭转，身体重心要降低，侧肩贴近防守者，将球压低。当球反弹至腹部高度时，右脚蹬地迅速前迈，左手拍球的后侧上方，超越防守。

5.运球转身

当防守队员采用紧逼防守，离运球队员距离较近时，可用运球转身来突破防守。

当对手逼近不能用体前变向运球突破，而且距离又较近时，迅速上左脚，微屈膝，重心移至左脚，并以左脚前脚掌专轴做后转身，右手将球拉至身体的后侧方，并按拍球落在身体的外侧方，然后换左手运球，加速超越防守。

6.背后运球

当对手紧逼，无法用体前变向运球，可用背后运球过人。

动作方法：以右手运球，向左侧变向为例。变向时，右脚在前，右手将球拉到右侧身后，迅速转腕拍按球的右后方，将球从身后拍按至身体的左侧前方，然后换左手运球，左脚向前，加速前进。

动作要领：右手拍按提拉球时，换手动作要协调，加快速度。

7.胯下运球

当防守队员迎面堵截时，用这种方法摆脱对手。

动作方法：以右手运球为例，变向时，左脚在前，右手拍按球的右侧上方，将球从两.腿之间运至身体左侧，然后上右脚，换手运球，加速前进。

动作要领：注意球的击地点和动作的连贯性、协调性。

四、投篮

所谓投篮是进攻队员将球投入对方球篮而采用的各种专门动作方法的总称。投篮是篮球比赛中唯一的得分 手段，投篮得分的多少直接决定着比赛的胜负，而一切进攻技、战术运用的最终目的都是为了创造更多更好的投篮机会，是整个篮球技术体系的核心。因此掌握和运用好投篮技术，不断地提高投篮命中率，对于学习篮球运动技能具有十分重要的意义。

（一）投篮技术分类和教学步骤

投篮技术动作方法很多，可分为原地投篮、行进间投篮、跳起投篮、扣篮和补篮等，这几种投篮又都有单双手之分。

投篮的教学步骤为：①投篮技术的教学，首先应先教原地投篮，接着教行进间单手肩上投篮、单手低手投篮，再教原地跳起投篮。②通过讲解、示范使学生建立完整正确的投篮技术概念，掌握正确、规范的投篮手法以形成技术动作定型。然后在掌握了基本手法和步法的基础上逐渐增加练习的次数、距离、难度、强度、密度等并在攻守对抗条件下提高投篮的命中率。

决定投篮命中率的因素很多，它包括心理因素、持球方法、瞄篮点、协调用力、出手角度和出手速度、出手动作、抛物线、球的旋转、入篮角以及外界因素影响等诸多环节，各环节又相互联系和相互影响。所以，投篮动作要做到身体各部分协调配合和各技术环节连贯正确。特别是良好的心理因素对提高投篮命中率起着至关重要的作用。

（二）投篮技术动作方法

1. 原地投篮

①原地单手肩上投篮。原地单手肩上投篮是最基本的单手投篮方法，其他各种单手投篮方法大都由此演变而来。（以右手投篮为例）动作方法是：双脚原地开立，右脚稍向前，身体重心落在两脚中间，屈肘，手腕后仰，掌心向上，五指自然张开，持球在右眼前上方，左手扶球的左侧，两膝微屈，上体放松并稍前倾，目视瞄篮点。投篮时下肢蹬伸，同时依势伸腰展腹，抬肘上伸前臂，手腕前屈，以指端拨球，最后通过食、中指柔和用力将球投出，球离手后，右臂应有自然跟进动作。

②原地双手胸前投篮。原地双手胸前投篮是篮球运动中较早的投篮方法之一，这种投篮方便跟其他技术结合。而且能充分发挥全身的力量，适用于中、远距离，一般女子运用这种投篮较多。

动作方法：两手持球于胸前，手指自然分开，拇指相对成"八"字形，用指根以上部位握球的两侧后下方，手心空出，两臂自然屈肘，肘关节下垂，两脚前后或左右开立，两膝微屈，重心落在两脚上，眼睛注视瞄准点。投篮时，下肢蹬地发力，两臂向前上方伸直，前臂内旋，拇指下压，手腕前屈，食、中指用力拨球，通过指端将球投出。球出手时身体随投篮出手方向自然伸展，脚跟微提起。

2. 行进间投篮

行进间投篮是比赛中广泛应用的一种投篮方法。在快速移动过程中完成投篮动作，投篮前无停顿，中、近距离或突破至篮下时均可运用，是各种行进间投篮的一个共同特点。在篮下有多种投篮方法，有低手、高手、反手、勾手等不同的出手方式。投篮队员要充分利用速度和弹跳，身体充分伸展，敢于挤靠，有很好的滞空能力，采用不同的出手方式，闪开或隔开对手的干扰、封盖，积极争取空隙位置和空间高度，保持相对平衡，快速或换手并通过手腕和手指控制支配的技巧，将球投进篮圈。

根据比赛规则，行进间投篮脚步动作的共同特点是跨第一步的同时接球，跨第二步跳起在空中完成投篮动作。

①行进间单脚起跳的单手肩上投篮。这种投篮可在篮下和中距离运用。

动作方法：以右手投篮为例，行进间右脚跨出一大步的同时双手接球，并用身体保护球，接着左脚迈出一小步制动，同时用力蹬地起跳，随之充分伸展身体，举球于肩上，当身体接近最高点时右臂向前上方伸直，手腕前屈，食、中指用力拨球，通过指端将球投出。

②行进间单脚起跳的单手低手投篮。这种投篮动作多用于快速移动中超越对手并接近篮下的情况。

动作方法：以右手投篮为例，行进间右脚跨出一大步的同时双手接球，并用身体保护球，接着左脚迈出一小步制动，同时用力蹬地起跳，随之充分伸展身体，右臂伸直向篮圈方向举球（手心向上），当举球手接近篮圈时，用向上挑腕和以中间三指为主的拨球动作使球通过指端投出。投碰板球时需要注意控制球的不同旋转。

3. 跳起投篮

跳起投篮，简称跳投。其具有突然性强，出球点高和不易防守的优点，可与传球、运球突破等动作结合，可在原地、行进间急停或背对球篮接球后转身等情况下运用。

动作方法：以右手投篮为例，两手持球于胸前，两脚左右或前后开立。两膝微屈，重心落在两脚之间。起跳时两膝适当弯曲，接着前脚掌蹬地发力，向上迅速摆臂举球并起跳，双手举球于肩上或头上，左手扶球左侧。当身体接近最高点时，左手离球，右臂向前上方伸展，手腕前屈，食、中指拨球，通过指端将球投出。

4. 扣篮

扣篮是直接将球由上向下灌入篮内的一种投篮方法，它是投篮技术发展中的又一重要标志，它改变了投篮的一般规律。由于它投篮出手点接近球篮又高于球篮，又有最佳的入射角，所以无须考虑抛物线这一因素。在世界强队比赛中，扣篮得分所占的比例越来越大，扣篮方式随着实践发展而多样化。有原地扣、行进间扣、单手扣、双手扣、正手扣、反手扣、凌空接扣等。由于扣篮是直接将球由上向下灌入篮圈，因此有出手点高、球速快、攻击、性强、难封盖、准确性高等特点，但也是难度较大的投篮方法，必须有很好的身体素质，特别是弹跳力和控制球能力，这里主要介绍两种方式。

行进间单脚起跳单手扣篮：以右手为例，行进间右脚跨出的同时接球，紧接左脚迈出一小步制动并用力蹬地向上跳起，上体充分伸展，高举手臂将球举至最高点，超过篮圈的高度并有适宜的入射角时，用屈腕的动作，将球自上而下地扣人篮圈之中。球离手后特别要注意对身体的控制和落地屈膝缓冲。

行进间单脚起跳双手扣篮：双手持球，双脚用力蹬地向上跳起，同时将球上举，充分伸展身体，双手举球至最高点，当球举过篮圈高度时，双手屈腕，将球自上而下扣人篮圈。球离手后注意控制好身体平衡，落地屈膝缓冲。

5. 补篮

补篮是指投篮未中，球刚从篮圈或篮板弹出时，在空中运用单手或双手将球托入或拨入篮圈的投篮，补篮是一种无明显持球动作直接用力投篮的方式。补篮时，队员应根据腾空后，人、球、篮的相对位置、高度、角度以及防守情况，灵活地选择补篮的方法。以下是两种基本补篮方法。

单手补篮：以右手为例，及时起跳，占据空中一定的优势，尽量伸展身体和手臂，准确判断球反弹的方向和高度，尽快地用右手的腕、指力量触球，并用托球、点拨球、扣篮的方法将球投向篮圈。

双手补篮：起跳后，球反弹方向在头的正上方时多采用双手补篮。用双手触球后可用扣篮或拨球的方式将球投向篮圈，其他动作与单手补篮基本相同。

五、抢篮板球

（一）抢篮板球技术分类和教学步骤

篮球比赛中双方队员在空间争抢投篮未中的球称为抢篮板球。其分为抢进攻篮板球和抢防守篮板球。当进攻队投篮未中，自己或本方队员争抢在空间的球，称为抢进攻篮板球或前场篮板球。对方投篮未中，防守队员争抢在空间的球，称为抢防守篮板球或后场篮板球。篮板球的争夺是攻守矛盾转化的关键，是增加进攻次数的有力保证，它对比赛的胜负起着至关重要的作用。

抢篮板球技术的教学顺序是：移动，抢占位置，判断起跳，抢球。

教学与训练中，首先要使学生明确抢篮板球的重要性，在进行抢篮板球技术训练中要注意培养学生勇猛顽强的战斗作风和积极拼抢的意识，养成每投必抢的习惯。然后可采用分解教学的方法，先练习原地起跳、抢球，再练习移动抢位、挡人、起跳抢篮板球的完整技术，并逐渐加大难度，最后在对抗的条件下练习或在比赛中进行抢篮板球练习。同时要在掌握投篮不中时球的反弹、落点规律的基础上，提高抢进攻篮板球时的冲抢意识和抢防守篮板球时的挡抢意识。

（二）抢篮板球技术动作方法

1. 抢进攻篮板球

进攻队员抢篮板球时一般处于防守队员的外侧，需要移动和摆脱对手，因此抢进攻篮板球时要突出一个"冲"字。

动作方法：处于篮下或内线队员抢进攻篮板球，当同伴或自己投篮时，靠近篮下的队员要及时判断球反弹的方向，同时以假动作绕跨挤到对方的身前，利用跨步或助跑起跳，跳到最高点进行补篮或直接获取篮板球。

处于外线位置队员抢篮板球，当同伴投篮时，如进攻队员面向球篮，则首先要观察判断球的反弹方向、速度和落点后，突然启动冲向球反弹方向进行补篮或抢获篮板球。以从防守人身后左侧冲抢为例，进攻队员面向球篮时，右脚向右侧跨步，向右侧做假动作。随后以左脚为支撑脚，右脚向左跨出一小步，重心移至左脚。同时右脚立即向前跨步绕前，挤靠防守人，跳起抢篮板球或补篮。

动作要领：首先是准确地判断和抢占有利的位置，及时起跳，要突出一个"冲"字。

2. 抢防守篮板球

防守队员抢篮板球要突出一个挡字，利用自己占据篮下或内侧位置挡抢篮板球。

动作方法：处于篮下防守，当进攻队员投篮时，根据对手移动情况和位置，运用上步、撤和转身等动作把进攻队员挡在身后，并抢占有利位置。在篮下抢位挡人时，一般采用后转身挡人，降低重心，两肘外展，抢占空间面积，保持最有利的起跳姿势。

外围防守队员抢篮板球，当进攻队员投篮、防守队员面向对手时，首先要观察判断对手动向，采用合理动作利用转身阻止对手向篮下移动，并抢占有利的位置。起跳抢球时，在两臂上摆的同时两脚前脚掌用力蹬地，身体和手臂尽量向球的方向伸展，达到最高点时，用单手、双手或单手点拨球的方法抢球。最好在空中将球传给同伴，完成发动快攻第一传；如不可能，则落地时应侧对前场，观察情况，迅速传球发动快攻或运球突破摆脱防守及时将球传给同伴。

动作要领：防守队员首先要准确判断球的方向和落点，抢占有利位置，运用移动和转身动作，合理地先挡后抢。

六、持球突破

持球突破是持球队员运用脚步动作和运球技术快速超越对手的一项攻击性很强的技术。掌握良好的突破技术和突破时机，既能直接切入篮下得分，又能打乱对方的防守部署，创造更多的进攻机会，增加对手的犯规，从而获得更多的罚球次数，给对方造成很大的威胁。突破与中投、分球结合运用，进攻就更加灵活，效果更显著。

（一）持球突破技术教学步骤

在持球突破技术教学中，教学时应先教交叉步持球突破，再教同侧步持球突破，避免两种突破方法相互混淆。

在具体教学中，教师应首先通过形象的讲解，正确的示范，使学生建立正确的动作概念，不要在细节上花费过多精力，以免因过强或过弱的刺激引起泛化现象，应强调掌握动作的主要环节，以取得重点突破的效果。同时，教学步骤和方法应遵循由易到难、由简到繁的原则。先学单个技术动作，再学组合技术动作，最后在消极防守和积极防守中学会运用。在练习中还应学会两脚都能做中枢脚，同时防止带球走违例。

（二）持球突破技术动作方法

1. 交叉步突破

动作方法：以右脚做中枢脚为例。两脚左右开立，两膝微屈，身体重心降低，持球于胸腹之间。突破时，左脚前脚掌内侧迅速蹬地，上体稍向右转，左肩向前下压，重心向右前方移动，左脚向右侧前方蹬地，将球引于右侧，中枢脚蹬地向前跨出，迅速超越防守。

动作要领：屈膝降重心，移动脚迅速蹬地，中枢脚向前跨出。交叉步突破的关键动作依次为蹬、转、探、拍、蹬。

2. 同侧步突破

原地持球同侧步突破又称为"顺步突破"，突破方向与交叉步突破方向相同，起跨突然迅速，是其主要特点。该技术在运用时，对中枢脚移动和防球、加速运球之间的协调配合要求较高，配合不好易造成走步违例。

动作方法：以左脚做中枢脚从防守队员左侧突破为例。突破时，上体积极前倾的同时，右脚迅速向右前方跨一大步，同时上体右转，左肩积极下压。左脚内侧用力蹬地，在左脚离地前，用右手推按球于右脚外侧前方，然后左脚迅速跨步抢位，加速运球超越对手。

动作要领：起动时要做到突然，跨步、运球动作要快速连贯，中枢脚离地前球要离开手。重心要控制稳，中枢脚离地前，球离手。

第三节　篮球运动防守技术教学

一、防守技术分类

防守技术是篮球比赛中，队员合理地运用防守动作，有针对性地选择防守位置，及时快速地移动，积极主动破坏对手的进攻意图，制约进攻队员的行动，达到协同配合控制对手并夺取控球权所使用的动作方法的总称。在篮球运动实践中，攻击性强、破坏性防守可以变被动为主动，以勇猛、凶悍的气势和机智果断的手段，主动控制进攻，尽快转守为攻，极大地提高了篮球运动的对抗性和观赏性。

防守技术分为防守移动、防有球队员和防无球队员，防守移动分为基本姿势、滑步、攻击步、交叉步、后撤步和绕步。防有球队员分为：防投篮、防突破、防传球和防持球假动作。防无球队员分为：防接球、防摆脱和防切入。

二、防守有球队员

（一）防守有球队员技术教学指导

有球队员在篮球比赛中可直接进攻投篮，因此，防守有球队员是十分重要的。教学中，教师应详细讲解针对不同的有球队员的具体防守技术，同时，强调学生在比赛中的合理站位，这对学生有效实施篮球技术是十分重要的。

（二）防守有球队员的动作方法

1. 防持球

在篮球比赛中，球是攻守双方争夺的焦点。持球队员可以直接投篮得分，突破和传球，为了有效地制约对方的进攻，一旦对手接到球，防守者要及时调整与对手的位置，距离，保持合理的姿势，尽力干扰和破坏其投篮，堵截其运球突破，封锁其助攻传球，并积极地抢、打、断球以争取控制球权，而在防守中恰当地运用一些防守假动作，将收到很好的效果。

2. 防投篮

防投篮的根本目的是防止对方得分。因此，防守队员在对手接球后的第一任务就是要球到人到。防投篮时，防守队员主要采取的方法是斜步防守贴近对手，挥动手臂对其进行干扰，使其放弃投篮。与此同时，另一手臂要向侧方伸直，对对手的传球造成一定的阻碍作用。防守队员要对对手是否投篮做出正确判断，防守过程中，提高警惕，注意不要被对方的假动作所蒙骗。

3. 防传球

在比赛中运用防传球假动作时，要集中注意力，观察持球者面部表情、眼神及手臂动作，判断其传球的意图，把自己抢断球的欲望隐藏到防守中去。一旦对手传球，防守者便在判断准确的基础上把球断走。例如，外线队员向内线队员传球时，防守者故意把手放在腰部位置上，给持球者造成可以通过头上传球的错觉，待持球者从头上传球时再突然伸出双臂把球断下。

4. 防运球

防运球时，应积极移动阻挡对方以降低其运球速度，改变其运球方向和不让进攻队员向篮下运球，防范他在运球中突破，是防守队员防对方运球的目的。一般情况下，防守队员要积极超前追防，并在移动中降低重心，侧对或面对运球者，保持身体平衡。防守时不应用交叉步移动，而要用撤步与滑步，同时要抢在运球者的前面半步到一步距离进行阻堵，阻挡对方时应注意迫使其向边线、场角或双方队员比较拥挤的地方运球。当进攻队员利用变速变向、急起急停等方法来摆脱防守时，在其变换动作时防守队员应及时抢前向后移动，占据好有利位置，并控制好身体平衡，迅速地变换步法继续进行阻截。

5. 防突破

防突破假动作可分为防持球突破假动作和防运球突破假动作。在篮球比赛中，进攻队员的持球突破动作一般是左晃右突、右晃左突、瞄篮变突破等，比如防守队员运用假动作要根据防守原则，占据合理的防守位置，在了解对方习惯动作的基础上，准确判断进攻者的真实意图，从而采取相应的防守假动作。例如，当进攻队员做瞄篮假动作而实际准备突破时，防守队员应根据防守原则，采取合理的防守姿势，相应的做双臂直举、挺直上体的封盖动作，但两腿应弯曲，重心仍保持在两腿之间，注意力集中在对方突破的路线上。这样，一旦持球者突破，防守队员便可轻而易举地封堵路线，破坏其持球突破。

6. 盖帽

进攻队员投篮或上篮时，当球刚离手的一刹那，防守队员立即跳起将球打落，称为"盖帽"。当对手起跳投篮时，立即跟随起跳。此时身体和手臂充分伸展，当对手举手到最高点或球刚出手的一刹那，迅速而果断地向前点拨球，将球打落。打球动作要小而突然，前臂不要下压，要尽量避免触碰对手的身体，以免造成犯规。

（三）防守有球队员技术训练实践

①抢地滚球练习。队员在端线两侧站：二列横队，面相对。教练员在端线中点向场内抛球，左右对应的两个队员快速冲向球，抢到球的队员向对面篮进攻，未抢到球的队员进行防守。

②两人一组，面对面相距 1.5 米站立，一人双手持球于腹前，另一人按抢球的动作要求，突然上步将球抢夺回来。持球队员由正常握球开始，逐渐加大握球力量，使抢球队员体会和掌握拉抢和转抢的动作方法。每人抢若干次后，攻守交换练习。

③两人一组，相距 1.5 米站立。持球做出传球动作后，另一队员立即上步打球，二人轮流练习。

④两人一组，分别站在篮下，一人将球抛向篮板，另一人跳起抢篮板球。当得球下落转身时，投球人立刻打球。两人轮流进行抢篮板球下落时的打球练习。

⑤两人一组，进行正面打运球队员的球的练习。在半场或全场一攻一守的练习中，一人进攻一人防守，防守队员紧紧跟随运球队员。当球刚从地面弹起时，突然打球，练习数次后，两人交换攻守继续练习。

⑥两人一组，一人持球突破，一人防守，做从背后抄打运球队员的球的练习。当进攻队员持球突破的一刹那，防守队员利用前转身上步，从运球队员身后，用靠近运球的手由后向前抄打球，然后上步抢球。练习数次后，两人交换继续练习。

⑦三人一组，两人相距 1 米，中间一人持球向两侧摆动，两侧无球队员根据球的部位，及时抢球。然后持球队员逐步改做转身跨步和摆脱护球动作，另两名队员伺机抢球。完成一定次数后，两人交换攻守继续练习。

三、防守无球队员

（一）防守无球队员技术教学指导

"一个队员不会防守，他就不会打球"。在篮球运动中，防守对手是一项综合性的个人防守技术，对无球进攻队员的防守更为重要。在篮球比赛中，防守无球队员的主要任务就是尽力去干扰和破坏对手的摆脱与接球。因此，防守无球队员技术的教学中，教师应先对学生进行防守意识的培养，使学生高度重视运动中对无球队员的防守，而不是迫切地跟球移动，此外，在防守无球队员技术教学活动中，学生对场上对手的位置和距离是教学重点之一，这是防守中打乱对方接球意图，使对方接不到球的关键所在。

（二）防守无球队员的动作方法

1. 防接球

在比赛中运用防接球的假动作时，在一定情况下也可明显的放开对方的接球路线，制造假象而获取球权。

2. 防摆脱

在篮球比赛中，防摆脱能够有效防守无球进攻队员。具体来说，防摆脱指的是限制和封堵无球进攻队员的摆脱。通常，在后场进攻队员通过快下接球攻击进行摆脱。这时，防守队员一定要主动防止其进攻动作。在篮球比赛中，抢占有利的防守位置是防守无球队员的关键。

3. 防切入

防切入也是篮球运动中防守无球队员的一种重要方法。防切入是指防守进攻队员试图切入或摆脱进攻队员的切入。在防切入时，要同时防守人与球，在不能兼顾的情况下，主要防人，使球和人始终在自己的视线范围内。当对手企图进攻时，主要可以采取的防守方法有凶狠顶挤、上步堵截、抢前等，阻止对方及时进攻。如果对手的切入方向与迎球方向相同，则主动防守进攻队员的后方，以此来切断对手的接球路线。

4. 断球

断球是截获对方传球的方法。根据传球方向和防守队员断球前所处的位置，一般分为横断球、纵断球和封断球三种。

（三）防守无球队员技术训练实践

①防投切选位练习。两人一组，进攻队员原地只做投切结合动作。防守队员快速移动脚步动作，及时调整重心、步法，做好防投防突的选位练习。

②攻守交换练习。两人一组，进攻队员在离篮 6 米左右，防守队员传球给进攻队员后立即对他进行防守。进攻队员则利用投突结合动作来进攻。练习数次后，攻守双方交换继续练习。

③抢位与防底线突破训练。防守队员在进行抢位与防底线突破训练时，当前锋队员在限制区两侧 30° 以下位置接球时，防守队员应卡堵其底线突破，抢防底线突破的位置，不让对方从底线突破。对方一接球，靠近底线的一只脚在前，并先堵死底线一侧。如果对方从底线突破，应快速滑步并结合堵截步将对方堵在底线外。训练中，要求防守须快速到位。先卡堵死底线，然后及时结合滑步和堵截步抢位堵底线，并时刻观察并注意防守对方的下一步动作。

第四章　高校篮球战术教学

随着时代的不断发展，篮球运动越来越被人们所喜爱。高校篮球是社会篮球发展的基础，也是竞技篮球发展的补充，如果没有高校篮球的创新，社会篮球将会停滞不前，竞技篮球将会失去发展的基础。因此，在社会快速进步的今天，高校篮球改革必须加快推进。本章分为篮球运动战术概述、篮球运动进攻战术教学、篮球运动防守战术教学三部分，主要内容包括：篮球战术的特性和功能、进攻战术基础配合教学、快攻战术教学、篮球防守战术基础配合教学、人盯人防守战术、区域联防战术等方面。

第一节　篮球运动战术概述

一、篮球战术的概念和特性

（一）篮球战术的概念

篮球战术是篮球比赛中全体队员为战胜对手而合理运用技术，相互协调配合和组织整体配合所采取的合理有效的计谋和行动。它是队员充分发挥身体、技术水平的重要保证，也是凝聚和体现集体力量的纽带，往往在两队实力相当时，对比赛的胜负起决定性作用。灵活、机动、突然是篮球战术的本质特征。进攻战术指全队在进攻中以得分为目的的行动方法。它包括进攻速度、方法、方式、阵形以及组织形式。进攻的速度分为快速反击、快速进攻、衔接段进攻、阵地进攻等形式；进攻的方法分外围、内线、两侧等形式；进攻的方式有运球、突分、投篮等形式；进攻的阵式有"1—2—2""1—3—1""2—1—2"等形式；进攻的组织形式有个人进攻、局部配合进攻和全队进攻等形式。防守战术指全队在防守中阻止对手得分，实行守攻转化所采用的行动方式。它包括防守的点、区域、方式、阵形以及组织形式。防守的点分对持球队员和无球队员的行动、路线、方位的控制；防守的区域分对防守面的扩大、缩小以及点与点、点与面的连接；防守的方式分人盯人、区域联防、对位联防、混合联防等形式；防守阵形分"2—1—2""2—3""3—2"等；防守的组织形式分个人防守、局部补防、协防、全队防守等。

（二）篮球战术的特性

伴随着现代篮球比赛的高强度、高速度、高空优势、超强体能的对抗，篮球战术无论是在质量还是在数量上，较之过去都有了新的发展和变化，这些发展和变化归结起来形成了篮球战术一些重要的综合特性，并从以下几个方面表现出来。

1. 进攻与防守的统一

进攻与防守是篮球比赛中的主要矛盾，并直接反映到战术行动中。早期的篮球比赛中，攻与防是互相分离的，进攻就是进攻，防守只是防守，现代篮球战术将二者结合起来，即在进攻战术中包含防守的成分，在防守战术中又蕴涵进攻的行动，从而使战术行动丰富多样，构成一个具有攻防性质的整体。例如，在全场紧逼盯人防守中的局部夹击配合，造成进攻方的失误或丢球，防守中带有显著的攻击性成分。而在进攻战术的整体配合过程中，更加注重前场篮板球的争夺，同时注意处于后卫位置队员的及时后撤，使攻守处于平衡状态。

2. 固定配合与机动进攻的统一

固定配合是全队通过训练和比赛形成的相对稳定的配合形式；机动进攻则是在比赛中，运动员根据赛场千变万化的情况，瞬间采用的相应的配合行动。前者具有易于操作、目的明确、任务落实的特点，但同时容易形成对比赛情景的刻板化反应；后者则正好相反，在现代篮球竞赛中，随着科学化训练水平的提高，运动员文化、智能的发展，个人战术意识的加强，二者更加有效地结合起来，形成了灵活多变的战术形式，如当代的移动进攻战术的发展和变化。

3. 简单与复杂的统一

简单而有效是篮球战术所追求的目标，但随着训练水平的提高和攻守能力的发展，简单的战术易被对手识破而受到控制，为了创造更多的进攻机会，不让对手识别和破坏自己的战术行动，篮球比赛战术通常采用许多形式相对比较复杂的配合行动。然而，复杂的形式只是企图扰乱对手视听的干扰因素，目的在于掩饰简单而有效的战术行动，以复杂的背景实现简单有效的目的。

4. 目的性与针对性的统一

任何战术的组织都要从本队实际出发，根据队员身体、技术、意识、心理等条件，正确选择符合本队水平的攻、守战术形式和方法；同时，战术的运用又必须采取针锋相对的方法去制约和限制对方，而且要根据比赛形势的变化及时加以调整，才能争取比赛的主动权，进一步去夺取胜利。所以说，战术的目的性和针对性的统一，是篮球战术显著特性之一。

5. 个体性和整体性的统一

篮球比赛中的战术通常是以一种集体行动展现的，但球场上每名队员的战术行动，一方面，个体的活动反映队员个体的技术运用能力和特长，具有明显的个性化特征；另一方面，每名队员的活动又不是孤立进行的，而是在同伴活动的背景下实施的。比赛战术的实现，不仅依赖于队员个人活动的合理性和创造性的发挥，同时也必须依靠队员之间的协同配合才能实现。因此，任何战术行动都是在个体活动中体现出整体协同的特征，这正是个体性和整体性的统一。要处理好整体与个体之间的辩证关系，就要注重发挥集体力量的同时，注意队员的个人特点和能力的培养。现代篮球比赛中，明星队员作用的日益突出，正反映了这一特征。

二、篮球战术的功能

篮球战术是按比赛情景的需要将运动员个体的行动有针对性地组织起来，以完成比赛过程中的某个任务，解决所面临的某个具体问题的战术行为。凡具有战术意义的个人的动作才可称之为战术行为，不具有战术意义的动作（哪怕是一系列动作）无论如何也只能停留在动作的含义上。例如，中锋、后卫之间的运球挡拆配合，前锋、后卫之间的运球"8"字围绕配合，如果运动员把运球看作是某种战术目的的手段和途径，运球行为就形成了一次战术配合的组成部分，如果运动员只是把注意力集中在运球动作中，从后场推进到前场的话，那么，运球就没有战术行为的特征。由此分析，任何战术行为都具有为"下一步"，或者"后面几步"，或者出现几种可能性做准备的特征。正因为篮球战术行为具有这样的特征，战术在比赛过程中才可以发挥出如下一些功效和作用。

（一）诱导功能

战术总是为解决比赛过程中的一些情景而设计和实施的，这些情景能否按战术者的意愿转换和出现，在于战术行动者以某种行动予以诱导，使比赛情景在这类战术行动的作用下朝本方的意愿方向发展，这就是篮球战术的诱导功能。

（二）抑制功能

竞赛对抗的双方要想保持自己在竞赛过程中的有利地位，通常只有两种办法可以达到：一是尽可能地消除自己的弱点和不足的影响，尽最大的可能扬长避短；二是采取某种方式和方法抑制对手的长处，采取避实击虚的策略。然而，在实践中，由于一些本身无法克服的因素所形成的弱点，如身高、体重、力量、速度等不如对手，自己是难以消除的。在这样的情况下，可行的办法是设法抑制对手长处的发挥（因为在某种意义上讲，对手的长处恰恰是自己的短处）。很显然，抑制对手长处的发挥不可能以某一个动作来解决，而必须依赖一系列有目的的行动来完成，这就是战术的抑制功能。

（三）协同功能

在篮球比赛中，如果要使每一个在场上的队员既能够发挥其个人特长，又能做到相互合作，协同作战，充分发挥出集体大于个体相加的整体效果。这不仅需要运动员之间有共同的行为目标体系，还需要在行为方式上予以合理的组合，使前一名运动员的行动能够为后一步同伴的行动创造条件，直到达到最后所期望的目标。这种将不同的个体行动联系起来达到同一目标的作用，就是篮球比赛战术所具有的组织协同功能。

（四）过渡功能

比赛过程是一个相当复杂的过程，在这一过程中，各种情景不断发生变化，运动员的各方面条件也在不断发生变化。为了适应这种变化，比赛双方都必须在相互作用中根据情景和条件的变化特点适宜地改变自己的行为方式。通常，在激烈的对抗中，一种行为方式转化到另一种行为方式期间，需要采取一系列的行动来达到这种过渡的目的，因为在此期间，如果有所不当，就会给对手创造有利之机，使自己陷入困境。因此，过渡行动也是有计划、有步骤地进行的，它体现了比赛战术的调整过渡功能。例如，在一场比赛中，甲队在某一时间段的进攻成功率非常低，比分落后，此时，教练员可根据比赛情况利用本队中锋身材高大的特点，将球围绕内线进行转移，力求在对方的防守阵势中打开一个缺口，带动全局的发展。这一策略在比赛期间可以作为扭转被动局面的过渡，使全队由被动变主动。

（五）掩护功能

篮球比赛是在面对面的公开场合进行的，为了避免把自己的行动暴露出来而使对手有所准备，比赛的双方都力图隐瞒自己的真正意图而采取迂回的方式。这就需要用某种行动来迷惑对手，掩饰自己的行动目的。这一系列的行动也是经过精心布置和安排的，它可以使行动的真正目的在"下一步"或者"后面几步"的行动中才会显示出来，也可以采取直接的战术行动来掩护"下一步"或"后几步"的行动这就表现出了比赛战术所具有的掩饰、掩护功能。

（六）增强功能

篮球比赛战术还具有使一支篮球队或一名运动员的战斗力增强的功能。当然，这种增强并不是说采用了某种战术而使其体能和技能得以提高，而是因为采用了能够充分发挥自己的特长或能够充分抑制对手发挥的战术后，使自己获得了有利的态势，使比赛局面朝有利的方向转换和发展。在这样的情况下，不仅有效地发挥了运动员的体能和技能，同时提高了运动员的士气，增强了斗志，坚定了信心，这无疑能够增强运动员（篮球队）的战斗力。

第二节　篮球运动进攻战术教学

一、进攻战术基础配合教学

（一）进攻战术基础配合教学指导

在进行进攻战术基础配合教学时，要按照一定的教学步骤进行。具体来说，主要有以下几个方面。

①借助于讲解和演示的方法使学生对基础配合的概念、配合方法、移动路线、动作的

时机、行动的顺序等有所了解。

②一般来说，教学的基本顺序应该为：先进行传切和掩护的教学，再进行突分配合的教学，最后进行策应配合的教学。需要强调的是，在教掩护配合时，应先教无球队员之间的掩护，再教有球和无球队员之间的掩护。教策应配合时，先教两人配合，后教三人配合。

③在选择教学方法时，首先在固定条件下练习配合的方法、路线、时机，然后再设置假设的对手或标志物，进行以简单对抗条件为背景的练习。

④在教学过程中，要对合作意识的培养和注意配合的节奏与变化加以重视，要使配合的质量、运用和应变的能力得到进步的提高。

（二）进攻战术基础配合教学内容

1.传切配合

（1）配合概念

传切配合是持球队员将球传给同伴之后，利用快速起动，超越防守人，并接同伴的回传球进行攻击的一种配合方法。

（2）配合方法

如图4-1所示，④将球传给⑤后，突然变向起动，摆脱防守人的防守，切入篮下，接⑤的回传球投篮。

如图4-2所示，④将球传给⑤后，⑥突然变向起动，摆脱防守人的防守，切入篮下，接⑤的回传球投篮。

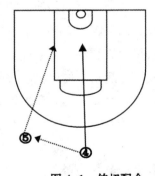
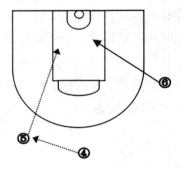

图4-1 传切配合   图4-2 传切配合

（3）配合要点

切入队员切入时要掌握好切入的时机，利用假动作迷惑对手。切入前不能暴露切入意图且切入动作要具有突然性，迅速摆脱并超越防守人，紧贴防守人侧身切入。切入时应有明显的动作、方向及速度的变化，应选择合理的切入路线，两手要主动伸出迎球，两眼要注视球。传球队员持球后，应注重"三威胁"身体姿势的形成，要用投篮、突破、传球等假动作迷惑防守人，并用眼睛的余光观察同伴的移动，伺机将球及时、隐蔽、准确地将球传给同伴。

（4）配合运用提示

在运用中，切入队员只有通过自己快速有力地切入，才能打乱对方的防守部署，因而切入动作一定突然、快速，切入前要利用灵活的脚步动作和身体各部位的假动作向异侧伴动，使防守人失去原来有利的防守位置，为自己的切入创造有利条件。切入中要紧贴防守人，压迫防守人于身后，使其难以获得有利的防守位置。当同伴切入到达有利进攻位置时，传球队员要隐蔽、快速、准确地将球传到切入队员手中，这样传切配合的攻击性才能显现出来，要做到这一点，敏锐的观察力、多变的传球手法、利用假动作对防守人的吸引是必不可少的，这也是需要反复强调和练习的。

2. 掩护配合

（1）配合概念

掩护配合是队员采用合理的行动，用自己的身体挡住同伴防守人的移动路线，使同伴借以摆脱防守，或利用同伴的身体和位置使自己摆脱防守的一种配合方法。

（2）配合方法

掩护配合的形式多种多样，根据掩护者选择掩护位置的不同，可分为前掩护、侧掩护和后掩护。根据运用情况的不同，可分为定位掩护和行进间掩护。

①前掩护：掩护队员在防守队员的前面建立掩护位置，用自己的身体挡住防守者的移动路线，使同伴利用掩护摆脱防守，获得进攻机会。

②侧掩护：掩护队员在防守队员的侧面建立掩护位置，用自己的身体挡住防守者的移动路线，使同伴利用掩护摆脱防守，获得进攻机会。

③后掩护：掩护队员在防守队员的身后建立掩护位置，用自己的身体挡住防守者的移动路线，使同伴利用掩护摆脱防守，获得进攻机会。

④定位掩护：掩护队员占据有利的进攻位置不动，被掩护队员诱使防守队员跟随移动，利用位置不动的掩护队员的身体挡住防守队员的移动路线，使自己摆脱防守，获取进攻机会的配合方法。

⑤行进间掩护：两名进攻队员在移动中，运用合理的方法，在移动中相互间阻挡对方防守队员的移动路线，而进攻队员借机摆脱防守，获取进攻机会的配合方法。

（3）配合要点

掩护位置的选择：根据掩护时掩护队员站位的不同，掩护分为前掩护、侧掩护、后掩护三种，在运用上述三种方法时要根据进攻队员和防守队员所处的位置以及全队战术的需要合理地选用其中一种。

掩护意图的隐蔽性：掩护队员在移向受掩护者时，行动要隐蔽，不能过早地让防守人发现掩护意图。

掩护动作的正确性：掩护是静止的，要考虑规则对掩护的规定，不可用推、拉、顶等动作来限制防守人的移动，也不可在掩护时随防守人的移动而移动。

（4）配合运用提示

掩护配合在运用中要重点掌握完成配合的时机，提高配合完成的质量。要做到高质量的掩护，掩护者和接受掩护者之间必须要有默契的配合，在掩护时要做到"吸、停、切"。"吸"是指受掩护者要利用假移动吸引防守人，分散其注意力。"停"是指掩护者掩护到位时，要停止移动，占据防守人的移动路线。"切"是指接受掩护人的切入要快速、突然和狠。"停"和"切"几乎同时进行，过早或过晚都不利于取得好的掩护效果。

3. 突分配合

（1）配合概念

突分配合是指持球队员在突破过程中，遇到防守队员的协防、补防时，主动或应变地将球传给无人防守或离防守较远的进攻队员，为同伴创造投篮机会的一种配合方法。

（2）配合方法

如图 4-3 所示，④传球给摆脱防守的⑤，⑤接球后向底线运球突破⑤的防守，并传球给摆脱防守空切内线或底线的④或⑥。

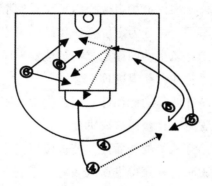

图 4-3　突分配合

（3）配合要点

突破队员在突破时，突破动作要做到突然、快速、有力。在突破中要注意观察防守的情况和同伴的位置，既要做好投篮的准备，还要做到能及时、快速、隐蔽、准确地将球传给同伴。当同伴突破时，接球队员必须及时摆脱或突然移动到防守人之间的空位上接球。

（4）配合运用提示

突分配合的运用主要体现在突破队员突破后如何将投篮技术和传球技术结合起来，既要做好投篮的准备，又要及时准确地将球传给同伴。

4. 策应配合

（1）配合概念

策应配合是进攻队员背对或侧对球篮接球后，以他为枢纽，配合以同伴的空切而形成的一种里应外合的进攻配合方法。策应配合一般分为低位策应和高位策应两种。低位策应一般发生在两侧腰线上，高位策应一般发生在罚球线至圈顶的位置上。

（2）配合方法

如图 4—4 所示，④持球突破并传球给上提至罚球线的⑤，④纵切，⑥溜底线，⑤再传球给外围的④或底线的⑥。

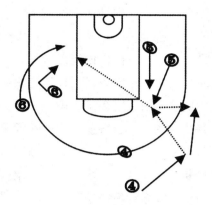

图 4-4　策应配合

（3）配合要点

进行策应配合时策应队员要及时上步或楔步抢位接球，接球后要两手持球于胸前，两肘外展保护球，或将球高举置于头上，用手臂、身体或开立的两脚挡住防守者。策应者在策应过程中要利用跨步转身、假动作等及时调整自己的位置，随时观察场上无球队员的移动情况，当同伴出现在有利的进攻位置时，要及时地将球传到同伴的手中。配合队员如果是传球，应将球传到策应者远离防守人的一侧，做到人到球到；如果是空切的队员，应设法摆脱防守，切入或绕出接球。

（4）配合运用提示

在配合时，外线队员要考虑选择什么样的传球方法和路线，能更快更好地将球传到策应队员手中。策应队员在持球后要考虑如何保护好球，并能在最有利的时间和位置上及时将球传给取得空位的同伴。无球队员要求有强烈的空切意识。

二、快攻战术教学

（一）篮球快攻战术的理论分析

1. 快攻战术的理论概述

快攻是由防守转入进攻时，进攻队以最快的速度，力争在对方未形成有效的防守阵形之前，造成人数或位置上的优势和主动，快速、果断、合理进行攻击的一种进攻战术，是篮球进攻战术体系中最锐利的武器和反击得分的手段。实践证明，由防守转入进攻时，积极创造快攻机会，充分发挥快攻的威力，能给对手很大的压力和威胁，并能有效地提高投篮命中率，鼓舞本队的士气，制造比赛高潮，争取比赛的主动。它对培养篮球运动员勇猛顽强的作风，提高身体素质水平，发展全面、快速、准确的技术都将起到积极的促进作用。

2. 快攻战术的基本要求

①全队要有强烈的整体快速反击意识，不放过任何一次发动快攻的机会。

②快攻战术成功的关键是获得球转攻的瞬间，全队要迅速有组织、有阵形、有层次地合理散开，保持纵深队形，增加攻击点，保证快攻的连续性和层次性。传与接应要及时准确，推进速度要快，能传则不运，不能传则运球突破，以保持推进的速度。快攻结束段速战速决，果断合理地攻击，投篮要稳，积极拼抢篮板球。

③接应点尽量靠前，接应区域一般在罚球线延长线向前两侧的空位。

④球往中路推进时要与两侧队员形成三角形，两侧在前，中路稍后。边线队员快速移动跑位，中路控球队员掌握好快攻的节奏，根据场上的情况果断运球突破或及时将球传给快下的队员进攻。

⑤快攻结束时，攻击要果断，保持速度，尽量减少限制区内的传球。可采用行进间投篮、中远距离跳投、"一传一投"等多种投篮手段。

⑥快攻受阻时，其他队员要迅速跟进接应，在快速移动中将快攻与阵地进攻有机地结合起来。

⑦在整个快攻过程中，个人和整体行动都要避免贻误战机，尽量简化程序，保证快攻的连续性和流畅性。

⑧快攻结束后全队迅速回防，防止对手快速反击。

3. 快攻战术的分类

依据快攻的发动形式，可分为抢获后场篮板球快攻、掷后场端线球快攻、抢打断球快攻、跳球快攻等。依据快攻推进的形式，可分为长传快攻、传球结合运球快攻以及个人运球突破快攻等。

4. 快攻战术的发展

快攻战术的特点是速战速决，攻其不备，最能体现现代篮球运动向智勇结合、积极主动、快速灵活和全面准确方向发展的基本特征。由于篮球技战术的发展和运动员体能的提高，现代篮球竞赛中能够参与快攻反击的队员越来越多，由原来的两三人参与快攻发展到现在的五人快攻；层次性越来越强，由原来的单一进攻点发展到现在的立体快速进攻，犹如潮水一样，一浪接一浪；攻击速度越来越快，从快攻的发动到结束往往在两三秒钟内完成；攻击形式越来越多样化，由原来单一的行进间上篮发展到现在的急停中远距离投篮、扣篮以及行进间上篮相结合；成功率越来越高，现代篮球运动员身体素质、技战术水平的提高，处在被动位置的防守往往很难有效的扼制快攻成功率。因此，快攻已经成为现代篮球进攻战术体系中的重要组成部分。

（二）快攻战术教学指导

在进行篮球快攻战术教学时，需要按照以下步骤进行。

①通过讲解和演示的形式，来使全体队员对快攻的概念、组织结构、组织形式和基本

要求加以明确。

②先进行分解练习，后进行结合练习，最后进行完整的快攻战术练习。

③先进行发动与固定接应结合推进的练习，后进行分解机动接应结合推进的练习；先练长传快攻，然后过渡到短传快攻。

④快攻结束段的教学，应先教二攻一配合，后教三攻二配合，最后教二攻二和一攻三配合。

（三）快攻战术教学内容

1. 传球与运球相结合的快攻

传球与运球相结合的快攻，是有一定的操作流程的。具体来说，主要有三个方面：首先是快攻的发动与接应，其中，接应可以分为固定接应和机动接应两种；其次是快攻的推进，其主要特点为速度快，对队员行进间传接球的技术要求高；最后是快攻的结束，是指在快攻推进至前场后最后完成攻击的阶段，这也是快攻成败的关键。

2. 运球突破快攻

在抢断球或获得篮板球后，抓住进攻时机，快速运球超越对手直攻篮下得分的快攻形式，就是所谓的运球突破快攻。

三、进攻人盯人防守战术教学

在进行进攻人盯人防守战术的教学时，需要按照以下步骤进行。

①5人在无防守的情况下，对进攻战术的路线和方法进行初步的熟悉，将主攻点、关键点和难点，以及战术的变化都明确下来。

②二对二、三对三练习局部配合，比如常见的前锋与中锋，后卫与中锋，后卫与前锋，后卫、前锋与中锋等。

③在特定防守的情况下练习进攻配合。如增加诱导性防守、相应的防守、变化性防守、破坏性防守等，使进攻配合的熟练程度和应变能力得到进一步的提高。

④在半场五对五比赛和全场比赛中，有效提高战术质量。

四、进攻区域联防战术教学

（一）进攻区域联防战术教学指导

在进行进攻区域联防战术的教学时，需要按照以下教学步骤进行。

①通过讲解与演示，使学生对进攻站位队形、队员位置分工和进攻配合方法等有一定的了解，并且获得完整的进攻概念。

②先进行固定配合的练习，再进行配合中变化的练习，使学生对进攻区域联防的基本方法有所掌握。

③先在消极防守情况下进行练习，而后逐渐过渡到在积极防守的实战对抗情况下进行

练习，使学生在运用中使已掌握的方法得到巩固提高。

（二）进攻区域联防战术教学内容

1. "1—3—1" 三角穿插进攻法

"1—3—1" 进攻法是以内外线队员的连续穿插，打乱 "2—2" 联防体系，最后造成防守空当，使传切配合上篮成功。

2. "2—1—2" 中锋策应底线进攻法

如图 4-5 所示，⑥接到⑦的传球，见⑧从右侧溜底到左侧，就向篮下持球突破，使⑤和⑥ "关门" 防守，⑤上提接⑥突破分回传球，再传给溜底线过来的⑧，④下移把④挡在身后，所以⑧投篮是很好的机会，这时④、⑤、⑦准备去抢前场篮板球，⑥撤到安全区域。该队形主要是针对 "3—2" 区域联防站位，以迫使防守队形改变，通过中锋策应、外围穿插、溜底线投篮等形式，造成局部区域的以多打少。

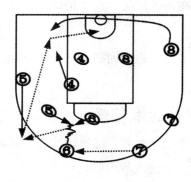

图 4-5　"2—1—2"

第三节　篮球运动防守战术教学

篮球防守战术基础配合教学

（一）防守战术基础配合教学指导

在进行防守战术基础配合的教学时，需要按照以下步骤进行。

①通过讲解和演示等方法的运用，来使学生将基础配合的概念、配合的方法、移动的路线、行动的顺序、运用的时机和要求等明确下来。

②防守战术基础配合的教学，要求首先对单个基础配合的基础教学有所掌握，再重点提高基础配合之间的衔接教学，然后再进行防守基础配合的组合与综合变化的教学，最后再过渡到基础配合的对抗教学。

（二）挤过配合教学

挤过配合是防守队员在掩护者临近的一刹那，主动向要防守的队员靠近，并跟随其移动，从掩护者与被掩护者之间侧身挤过，继续防守对手的一种配合方法。挤过配合的特点是始终靠近对手，不让其轻易拿球，但容易犯规。

1. 挤过配合的目的

利用挤过配合，有效地遏制和破坏对手的掩护配合，以达到破坏对手进攻的目的。

2. 挤过配合的运用时机

在紧逼防守中，对方外线队员进行掩护时，防守队员采用挤过配合主动跟防方法，以达到紧逼目的。

3. 挤过配合教学的基本要求

①在实施挤过配合时，不应过早暴露挤过配合的意图，以防止对方反方向切入。

②实施挤过配合时，应在两进攻队员身体靠近之前，果断抢步贴近对手，快速侧身挤过。

③防守掩护者的队员，应选择能够兼顾防守两个进攻队员的位置，做好随时换防的准备，并及时提醒己方队员注意对方的掩护意图。

（三）穿过配合教学

穿过配合是指在进攻队员实施掩护时，对掩护者实施防守的队员主动地向后撤步，以便同伴（防守被掩护者的队员）能够及时地从自己与掩护队员之间穿过去，继续对自己的对手进行防守的一种配合方式。穿过配合的特点是防守者始终离对手不远，又不容易犯规，但需要同伴的及时配合。

1. 穿过配合的目的

采用穿过配合，有效地遏制和破坏对方的掩护配合。

2. 穿过配合教学的运用时机

在人盯人进行防守时，当进攻采用掩护，但没有投篮威胁时可采用穿过配合。

3. 穿过配合的基本要求

①防掩护者的队员应主动后撤一步选好位置，并及时提醒同伴，以便让队友穿过。

②当对方掩护时，防守掩护着的队员应撤步侧身，避开掩护者及时穿过。

（四）交换防守配合教学

交换防守是指在对手实施策应或掩护时，防守队员之间及时地交换自己所防守对手的一种配合方法。

1. 交换防守配合的目的

通过采用交换防守配合，来对对手的掩护配合进行有效的破坏或遏制。

2. 交换防守配合的运用时机

当对方掩护时，防守者不能挤过或穿过进行防守时，可及时采用交换防守。采用交换防守时，由后面的防守者首先发出换防的信号；或者当对方纵向移动做侧掩护时，为减少交叉移动最好采用交换防守以破坏对方的掩护。

3. 交换防守配合教学的基本要求

①在利用交换配合堵截进攻队员的攻击路线时，防守掩护者的队员以及时发出信号提醒同伴。

②在掩护队员转身切入之前，防守被掩护者的队员应及时撤步，以抢占有利于防守的位置。

（五）"关门"配合教学

"关门"配合是指两个临近的防守者相互协同配合防守对手持球突破的配合方法，像两扇门一样"关闭"起来，堵住持球队员突破的一种配合。

1. "关门"配合的目的

通过运用关门配合，有效地阻截一次直接的投篮和减少进攻方一次最有威胁的进攻机会。

2. "关门"配合的运用时机

在半场人盯人防守和联防时，当进攻队员运球从侧面或正面向篮下突破时，经常采用"关门"配合。

3. "关门"配合教学的基本要求

①防守对方突破的队员应该积极地堵住进攻队员的突破路线。

②防守队员应根据持球队员的停球和传球，来决定围堵和回防，在进攻队员突破时，临近突破一侧的防守队员应快速移动靠拢进行关门配合。

③邻近的两名防守队员在运用关门配合时，应两件靠紧，微屈膝，含胸，两臂自然上举或侧举，在发生身体接触时，为避免受伤，应使用暗劲。

（六）篮球防守战术配合的教学建议

①在对篮球进攻战术基础配合进行复习、巩固与提高的过程中，要将防守战术基础配合的教学内容渗透其中，从而将篮球进攻战术基础配合与防守战术基础配合有机结合起来。

②在篮球防守基础配合的教学中，应将挤过配合作为教学的重点内容，将交换防守配合和穿过配合作为一般的教学内容，其他基础配合作为介绍和自学内容。

③首先，要使学生了解和建立有关篮球防守战术基础配合的概念，掌握相应的防守基础配合方法，并通过对抗练习来逐步提高队员的战术意识和配合质量。

二、篮球防守快攻战术教学

（一）篮球防守快攻战术的理论分析

1.防守快攻战术理论概述

防守快攻是指由攻转守的瞬间，及时组织防守阵形，阻止和破坏对方发动快攻的防守战术。防守快攻战术是整个防守战术体系中的重要组成部分，此战术必须根据对方快攻的攻势展开，有针对性地防守，力求延缓对方的进攻速度，打乱进攻节奏，推迟进攻的时间，以有利于迅速组织阵地防守。

2.防守快攻战术的基本要求

①全队要始终贯彻"攻守平衡"的原则。

②在阵地进攻时，要让队员明确攻守的任务，以便失去控球权时迅速退守，并及时组织防守阵形。

③有强烈的防守快攻意识和良好的身体素质，在了解对方接应习惯和接应点的情况下，有准备地布置本队防守能力较强的队员，破坏对方接应，对控球队员进行紧逼和夹击，迫使其停球或失误；对无球队员进行严密防守，阻止接应和延缓快下。

④快攻防守过程中，全队要积极参与，五人应分工明确，协同作战。整个防守快攻过程始终保持层次性、连续性。

⑤全队具有积极拼抢的精神，当对方形成快攻时应加速追防，破坏进攻的流畅性，并迅速转入阵地进攻。

⑥以少防多时要沉着冷静，重点保护篮下，积极干扰投篮，尽力拖延对方进攻时间，并拼抢防守篮板球，争取以守转攻。

⑦要随机变换防守战术。如在失去控球权后，立即采取前场紧逼防守，首先破坏对方发动快攻，控制对手的进攻速度；退回后场迅速形成阵地防守阵形，选择适宜的全队防守战术。

3.防守快攻战术的分类

防守快攻战术是根据快攻战术的攻势展开的，所以防守快攻战术分类可依据快攻战术的分类进行：防守快攻的发动、防守快攻的推进以及防守快攻的结束阶段。

4.防守快攻战术的发展

比赛速度不断加快是当前篮球运动发展的特点之一，在进攻速度加快的同时，防守速度也不断地提高，特别是攻守转换的速度和节奏越来越快。此外，防守的强度越来越大，对运动员的体能要求越来越高。进攻队员由攻转守时采用压迫式的破坏性防守，在积极拼抢篮板球的同时，在后场展开严密的防守，直接破坏快攻的发动与接应，争取二次进攻的机会。现代篮球有一句名言：进攻赢得观众、防守赢得胜利。因此，要想取得比赛胜利，努力提高防守质量至关重要。

（二）防守快攻战术的教学内容

1. 提高投篮命中率，拼抢前场篮板球

现代篮球比赛，在由守转攻抢时，通过争取后场篮板球进而发动快攻的概率最大，因此，进攻队员提高投篮命中率、积极拼抢前场篮板球是制约对方发动快攻的有效方法。

2. 堵截快攻的第一传和接应

对快攻的第一传和接应进行有组织的堵截，是使其快攻失败的关键动作。对手拿球由守转攻时，离持球队员最近的防守队员要迅速上前封堵对手的传球路线，伺机夹击防守，干扰其第一传，同时，其他队员切断接应路线，伺机断球，延缓其进攻速度，争取时间布防。当对方发动后场端线球快攻时，一方面防守队员要迅速退防，防止其偷袭；另一方而防守队员要全力封堵对手发端线球，延缓其进攻速度，组织好防守阵型。

3. 控制对手的推进

当对方发动快攻时，领防队员绝对不可盲目后撤，而是应当与持球者保持适当距离，控制后撤速度以对对手的推进速度进行控制，从而转入阵地防守。

4. 防守快下队员

由攻转守时，防守队员应积极堵截中场，使进攻队员不能长驱直入篮下；积极运用快速退守，并追截沿边线的快下队员。

5. 提高队员以少防多的能力

当对方成功发动快攻、出现以少防多的不利局面时，防守队员提高防二、二防三的能力，重防篮下，为同伴回防赢得时间，这就必须提高个人防守能力，以及同伴之间的相互补防能力。

（三）防守快攻战术的教学要求

①统一防守战术指导思想，全队整体布防，各司其职，行动一致，积极主动地从不同位置上全面追截，延缓对方进攻的速度，制止其发动快攻。

②积极封堵对方的第一传。例如，阻截接应队员，干扰其向接应区移动，抢占接应点。同时，积极追防进攻快下的队员，或在中场堵截干扰，阻挠对方，使其不能顺利地传球和运球。

③在进行防守时，力争在防守人数上均等。当出现以少防多的情况时，应保持沉着冷静，机智果断、大胆出击，以赢得时间上和力量上的均衡。

④无论对方何位置进行投篮，都要积极地干扰和封防，影响其投篮命中率，同时积极地拼抢篮板球。

三、人盯人防守战术

（一）人盯人防守战术教学的内容

人盯人防守的战术在篮球比赛中是运用最普遍的一种战术。它是每个防守队员对对方的一名进攻队员进行严加防守，同时队友间进行协同合作的防守。从防守范围来讲，人盯人防守可分为半场人盯人和全场紧逼人盯人两种形式。

1. 半场人盯人防守战术

（1）半场扩大人盯人防守

当对方外围投篮准确，突破能力及全队的整体进攻配合质量较差时，采用半场扩大人盯人防守战术可有效地扼制对方的习惯打法。有时也用于加强外线防守、切断内外联系，使中峰没有获球的机会，从而达到"制外防内"的防守策略。因此，这是一种防守的明确，主动性、攻击性很强的防守方法。但由于扩大了防守，队员的体能消耗很大，不利协防，容易出现漏人的现象当比赛由进攻转为防守时，防守队员对于对方反击的速度要严加控制，马上后撤，对方进攻的持球队员进入半场后，防守队员要通过紧逼放慢其速度，使其无法突破。对于无球队员的防守，位置的选择最重要，一般来说，扩大人盯人防守需要注意以下几点要求。

①当攻转守时，迅速回防，在球进入 3 分线之前，找到各自的防守对手，并迎上去，当进攻队员进入 3 分线时，紧逼防守，并防止突破。

②当进攻队员进入罚球线一带时，积极抢前防守，阻挠对方接球，破坏其进攻配合，控制持球队员，运用挤过防守，不让对方掩护成功。

③当球在两侧或场角进攻时，及时"关门"或补防，迫使底线突破者停球，阻止其通过篮下，利用边角组织夹击防守，高大队员及时绕前防守，控制篮下。

（2）半场缩小人盯人防守

半场缩小人盯人防守，基本控制的防守区域是在半场的 12 区域内，它是以加强内线防守、保护篮下为主要目的的防守战术。这种防守战术多用于对方篮下攻击力较强、外围攻击力较弱的球队，它的防守区域较小，有利于协防，控制内线进攻、抢篮板球后组织快攻反击。

2. 全场紧逼人盯人防守

全场紧逼人盯人防守是在全场范围内与对手展开争夺，防守队员在不同防区的紧逼过程中，任务也有所不同，所以，通常把球场划分为前场、中场和后场三个区域来组织防守。

（1）前场紧逼防守

a. 对方在后场外掷界外球时的紧逼方法。一对一紧逼形式，如图 4-6 所示，④积极阻挠④掷界外球，其他前场的防守队员采用错位防守，卡断传球路线，积极抢断球。后场的防守队员应提上防守，与对手保持稍远的距离，并随时准备抢断长传球。

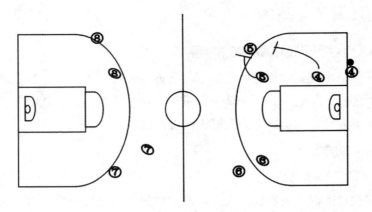

图 4-6　前场紧逼防守

b.夹击接应的紧逼形式。在上述一对一紧逼形式中，如果④是控制球能力很强的队员，是该队的主要接应者，④可以放弃对发球人的阻挠，转而对⑤进行夹击，阻止其顺利接应管球。

c.机动夹击接球者的紧逼形式。如图 4-7 所示，⑤和⑥分别站在对手的侧前方，阻止对手迎前接应。④放弃防守发球者，退到⑤和⑥的后面，随时抢断传给⑤和⑥的高吊球，⑦提上，准备抢断传给⑥的长传球，⑧向⑦方向靠一点，准备抢断传给⑦的长传球。

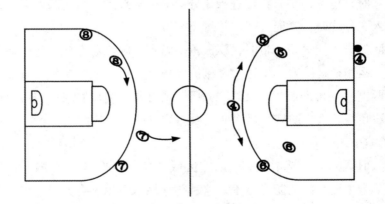

图 4-7　前场紧逼防守

（2）中场紧逼防守

①在对方运球向前推进时堵中放边。

②同伴防守队员要根据场上情况和时机，大胆上前包夹对方运球队员。

③一旦包夹开始，后面的防守队员要向前补防，并积极抢断对手的传球。

④对手如将球传出或突破包夹，要立即回撤，重新组织防守力量。通过急与缓的节奏打乱对手的战术节奏。

（3）后场紧逼防守

一般来说，在后场应继续扩大防守，对持球队员积极封堵，尤其在底线场角，防守队员应积极组织夹击，破坏对方的进攻，促进其出现失误，继续给对方心理上施加压力。如果在前、中场防守时，由于交换盯人、轮转补防出现防守队员中间高矮错配、强弱不均等现象，可以寻找适当的时机进行调整，以巩固后场的防守实力。

（二）人盯人防守战术教学的要求

1. 半场人盯人防守战术训练的要求

由攻转守时，防守队员必须迅速退回后场，形成集体防守的态势，根据对方队员的身高、技术特点等各项特点进行防守的安排。以人球兼顾，以人为主的原则来进行防守，防守队员的位置选择应根据"球—彼—我—篮"进行应变调整，如：防守距离按有球逼、无球截，近球贴、远球堵，近篮封、远篮控，运球要追防的原则进行调整。

2. 全场紧逼人盯人防守战术训练的要求

由攻转守时，全队要要在思想和行动上坚定一致，运用心理优势压倒对手，对对手的紧逼要凶猛，全场紧密防守，以控制对手进攻节奏，破坏其习惯的进攻战术。

四、区域联防战术

（一）区域联防战术的阵型

1. "2—1—2" 联防

"2—1—2"联防，即前边站两名队员，中间站一名队员，后边站两名队员。这种阵型适用于阻截正面突破和篮下威胁较大而"两腰"攻击力较弱的队。

2. "2—3" 联防

"2—3"区域联防阵型的特点是篮下防守力量较强，有利于争夺篮板球，有利于对付擅长篮下进攻的队。与"2—1—2"区域联防阵型一样两侧45°外围一带是薄弱区域，容易造成进攻队投篮。

3. "3—2" 联防

"3—2"区域联防阵型是针对内线攻击能力较弱，而外围投篮较准，组织配合能力较弱的队，这种布局可以破坏对方的外围进攻，创造抢球、打球、断球反攻机会。

4. "1—3—1" 联防

"1—3—1"区域联防阵型主要是针对"1—3—1"阵型九宫的队，这种布局可以加强防守中锋和前锋在限制区和两侧的进攻；薄弱区域与"3—2"区域联防阵型相似后、左、右之间的练习，造成进攻队员之间传球的困难，有利于防止正面、罚球区和两侧的投篮和抢篮板球发动快攻。

（二）区域联防战术教学的要求

根据区域联防战术守区、防球、保篮的特点，在训练中要遵守以下要求：按区各自负责，积极阻挠进入所管区域进攻队员的行动，并与同伴协作进行防守。防球为重点，随球的转移及时调整位置，做到人球兼顾；保持防守姿势，挥摆双臂进行阻挠；彼此呼应，及时换位、护送，相互帮助，协同防守。对有球队员要靠近防守，阻挠其投篮和运球突破；对无球队员的移动要阻截，防守处在所管区内的球。全队队员必须快退迅速布阵，严防进攻队员在篮下活动，极力防止球和进攻队员轻易向内线穿插。对中锋队员要采取抢前或绕前防守，封堵接球路线，尽可能不让他接球；当进攻队员投篮时，一定要进行封盖，并组织好抢篮板球，力争获球由守转攻。

第五章 高校篮球的人才培养

大学生篮球联赛的成功举办，不仅使得篮球在高校运动中得到了普及，也为我国篮球职业联赛输送了大批高素质、高水平的优秀篮球运动员，高校已经成为我国篮球事业发展重要的人才储备库。但是当我们透过这些辉煌的表象，对高校篮球发展过程中存在的深层次问题进行探索和分析后就会发现，目前高校篮球运动过程中也存在着种种问题，这些都是关于高校在篮球人才培养模式中所存在的问题。本章分为高校篮球人才培养的现状、篮球人才的特点与选材和高校篮球人才培养的对策三部分。主要内容包括：篮球人才培养选拔体制的现状、篮球人才培养训练体制的现状、篮球人才培养保障体制的现状等方面。

第一节 高校篮球人才培养的现状

一、篮球人才培养选拔体制的现状

（一）篮球人才的选拔途径

1. 普通高中学生

即在普通高中的体育代表队或者在高中时期进行严格体育训练的学生。由于此类学生在高中进行学习，经过了从小学、初中和高中的文化学习，相对其他的运动员来说，文化基础和素质也相对较高。然而我国高中阶段没有形成良好的体育培养机制和培养条件，也没有良好的培养系统帮助高中学生的训练和培养，加上本身处于高中学习的环境，文化课学习时间占大部分，体育锻炼时间较少。普通高中学生文化基础好、身体素质高并且人数多，肯定存在对体育某专项具有巨大发展潜力的学生，如果后期得到长期的专业训练，发挥本身的优势，最后很有可能成为一名优秀的运动员。高校作为我国教育培养的最高层次机构，应该重视对普通高中生选拔途径，加强对高中生的培养。

2. 少年业余体校和传统篮球体校学生

国家开始发展学生竞技体育的时候，高校为了提高高校的竞技水平与学生运动员的篮球专业水平和能力，直接招收体校或者专业学校的篮球运动员，此种选拔方式不仅节约了招生的成本，也节约了后期培训成本和风险。这种选拔途径选拔出来的学生篮球专业能力强，竞技能力高，但是由于原先没有接受优秀的文化教育，会有出现学历问题、年龄和伤病的问题，学生前期训练过程中篮球潜力已开发，形成了自身的一套运动模式，后期很难培养训练。因此，对于高校篮球运动员选拔来说，不应该以此种途径作为主要途径。

3.专业运动队的队员

专业运动队的运动员包括现役的运动员和退役的运动员。退役的运动员通过学校学习，获得学历，在帮助学校运动队训练和提高成绩的情况下，又可以提升自己的综合素质。现役运动员在高校学习的同时，也会参加专业的篮球比赛，具有学生和运动员的双重身份，他们不仅参加专业的篮球比赛，同时也可以代表高校参加大学生运动赛。专业队的运动员的起点很高，从小开始训练，训练时间长，专业技能强，同样，缺少文化学习，文化素质比较低。相对专业运动员，高中生上来的篮球的运动员在短时间内训练很难达到专业队员的水平，降低了中学生的训练积极性。因为招收了专业队的队员，因此减少了高中学生的名额，导致高中一些具有潜力但没有被开发的学生不能进入高校训练和培养。长此以往，不利于高校篮球高水平运动员的发展。

我国高校篮球运动员的选拔主要有上述三种途径，选拔方式包括"特招"和"普招"。"普招"需要经过学校的考核，一般是包括篮球专项和文化课两部分的考核；"特招"只需要通过高校单独的文化课考试和获得国家一级运动员的资格同时通过高校的体育测试。其中，篮球专项考试包括身体素质、基本技术和比赛三项内容，每一项内容有专项的项目，进行选拔的篮球生需要通过这三个考核，才有进入高校学习的机会；文化课是指考生需要达到国家体育教育部门规定的高考分数线或者单招的分数线。参加高校运动员选拔的学生必须在文化课上达到标准，在篮球专项上成绩优秀，经过各个高校的评定，才可以被学校录取。高校篮球运动员的选拔过程中，应该注意高校对中学运动员的培养、关注、保护和帮助，加强同中学运动员的交流。高校通过对中学运动员的关注，了解中学运动员的篮球素质能力和发展情况，进一步加强培养，并提供相应的帮助，不仅可以促使中学运动员的篮球技能提升，可以有效地保护中学运动员的学习和成长，同时还可以将有潜力、有能力的运动员提前收录于本校，避免人才流失。

（二）篮球人才的选拔效率

我国高校篮球运动员的三种选拔途径中，每一种选拔途径需要的时间、经费、成效是不一样的。高校选拔运动员，除了配合和支持国家推行的体教结合的政策以外，还可以培养一批高素质高水平的运动员，打造高校的体育品牌，吸引更多的生源。除此之外，篮球运动员在学校参与大学生篮球联赛，获得名次，既能提高高校的声誉和名气，为高校争光，与此同时，又能受到教育，可以丰富校园的文化体育生活，还能培养学生的体育精神。

1.普通高中生选拔途径

普通高中的学生报考高校篮球运动员，必须具备教育部办公厅规定的资格后才可以报名。根据国家颁布的规定得知，考生需要满足一定的条件才可以报考大学教育，没有经过资格认定的篮球运动员是不能参加高校高水平篮球运动员的报名，这是首要的条件。考生根据自身的条件选择报考的高校后，该校的体育部组成专家评审委员，制定本校的测试标准和方法，对考生进行篮球专项测试。高校组织专项人员管理测试的时间、地点、程序等，需要大量的专业人员对报考的学生根据标准进行专项测试。测试过后，通过测试的学生还需要通过高考文化考试。有时候会出现通过测试的学生没有通过高考文化分，导致学校篮球生的招收空缺。高校篮球运动员从普通高中生中进行选拔，需要经过各种条件、选拔，经常出现在专业测试选拔中淘汰很多报名的学生，通过专业测试的学生还需要经过高考文化分的筛选，整个选拔过程复杂、烦琐，在专业测试时还需要召集大量的人力组成专项测试委员会，花费大量时间对学生进行测试，经过繁杂的过程后，不一定达到招生计划量，经常会出现重复浪费工作。

经过层层条件选拔进入高校的篮球生，从小经过教育学习，文化基础高，素质比较高，通过学校专业的篮球测试，运动潜力大，在小学、初中、高中没有经过专业教练和条件训练，潜力没有得到挖掘。在高校的专业训练里，可以大力发挥学生的篮球潜力，通过长期的训练，可以培养成优秀的运动员。但是由于有些从普通高中上来的学生仅仅为了获得高校文凭，导致没有用心训练，成为专业的篮球运动员，这也是潜在问题之一。

2. 少年业余体校和传统篮球体校学生选拔途径

相比于普通高中的选拔方式，体校学生的选拔方式差不多，与之不同的是，由于体校本身就是进行体育训练，学生的身体素质好，技能水平较高，因此也就很容易在高校进行篮球的专项测试。然而，也需要组成评审委员会对其进行篮球专项测试，花费一定的时间和人力。即使学生通过测试之后也需要在高考中达到规定的分数线，才能被高校录取。相比于普通高中的选拔来说，少年业余体校和传统篮球体校学生选拔途径在体育测试上相对简单，并且选拔过程比较容易，选拔上来的学生的篮球技能强，后期培养成本低。由于从小学习篮球运动，很少有学习文化课的时间，文化知识薄弱，运动潜力和发展空间不大，有的学生以前残留的伤病问题比较明显，并且也有较多的后遗症，这对高校篮球运动员教育的长期发展非常不利。

3. 运动队的队员选拔途径

运动队里的队员都是专业运动员，也有过不少比赛的经验，对于此类篮球运动员的选拔通过单招的途径。此类运动运动员只需要参加高校的文化课单独考试就可以进入高校。此类选拔途径方式单一、程序简单，进入高校的运动员属于专业选手，篮球技能高，比较经验丰富，有助于学校参加大学生赛事，获得较好的名次。此类学生招收进高校后，高校不需要花费大量精力培养，短期来看，高校可以节约成本，同时帮助高校提高学校知名度，提高学校声誉。但是高校招收此类学生，篮球运动员主要体现在专业上的训练和成绩，而在文化成绩却管理不够，并且人数有限，不利于高校整体篮球水平的提高，也会打击其他篮球运动员的积极性，不利于形成高校篮球运动氛围，不能形成高校自己的主力军力量。总的来说，这样的选拔途径简单方便，但是后期的培养问题比较麻烦，整体选拔效率低下，不利于学校篮球人才的良性循环和持续发展。

二、篮球人才培养训练体制的现状

（一）训练管理体制

自改革开放起，我国体育机制随着政府职能的转变而发生了相应的变化。尤其是市场经济体制在我国的建立，逐步推动我国篮球训练体制迈上社会化、产业化发展道路，同时也有效激发了社会各领域及企业组建运动队的主动性。1986年，国家体委在《关于体育体制改革的决定》中拟定了"放权搞活"为主导的改革思想，我国篮球训练体制改革已略见成效。表现为下列几个方面：①协会实体化改革正式推开，并逐渐形成了中国特色的协会制。②俱乐部制改革取得可观进展，多个赛季 CBA 职业联赛与 WCBA 联赛相继举办，受到了社会各界的普遍关注，篮球运动在我国已形成了较大规模。

（二）后备人才的培养

计划经济体制下，我国主要是通过体育运动学校、业余体校等机构来培养各个阶段的篮球运动员后备人才。在我国经济体制不断转轨的形势下，这种模式面临的最大困难是市场经济后经费来源的缺乏。随着体育行政机构、运动队的不断增加，政府财政的经济压力越来越大。在"奥运战略"与"全运战略"的影响下，不少省市为筹集更多的物力、财力，相继砍掉了投入较高、产出量少的集体项目，其中包含篮球运动。例如，广西、宁夏、云南、安徽等省市，男女队全部撤除现象屡见不鲜，每年国家的篮球比赛，青年队数量要比成年队人数少很多，篮球队伍已出现了不合理的"断层"现象。

（三）俱乐部运行机制

目前经济体制处于转型期，我国各类性质的篮球俱乐部组织得以建立。俱乐部大体包含由体委与企业合办和企业独资两种形式。合办型俱乐部主要是专业队制转变为俱乐部制时期形成的产物，已存在较多弊端，因双方合作前未将产权问题处理好，且未形成相应的条文规定，因而在运作中容易出现责任、利益等多重矛盾。企业独资俱乐部作为一种经营实体，其拥有独立的法人资格，企业掌控了产权、管理权等权限，并根据现代企业的经营模式来管理俱乐部，所以，责任、权利等方面矛盾也得到了有效缓解。从当前我国各俱乐部的机构设置状况来看，主要有下列几大问题：俱乐部均未设置法律事务部，俱乐部领导层未形成强烈的篮球职业化意识；俱乐部运作未实现市场化，且忽略了项目开发；缺乏明确的法律观念，这对培育篮球市场和发展篮球产业极为不利。

（四）我国篮球科学化训练水平

篮球科学化训练水平的高低，往往是由教练员自身科研意识及能力来决定。训练质量的优劣，直接与科学训练挂钩。很多经验丰富的教练，均拥有较强的科研意识，他们通常是亲身参与，主动要求科研人员提供帮助。相应地，有些教练员在科研能力、精力及对新事物的接受上相对更差，甚至存在吃老本的错误思想，无法从整体上考虑篮球运动未来的发展问题。通过访谈，专家们纷纷表示，在我国"学院派"与"实践派"篮球训练员之间缺乏有效交流，整个训练处于研者不训、训者不研的状态中，这是导致我国篮球科学化训练水平偏低的根本原因。

三、篮球人才培养保障体制的现状

（一）篮球人才培养管理体制现状

通过分析篮球人才培养的外部管理，大部分学校的体育工作都是通过各市教委体卫处或体育协会来进行管理和指导的，同时这些体育组织还要负责监管学校的课余体育训练。

通过分析篮球人才培养的内部管理，通常来讲，学校都是基于分管校长的领导，由体育教研组长实施具体的工作内容，而学校、教练员、运动员作为不同的行为主体，其利益追求不同，不利于篮球人才培养共同目标的实现。

通过分析篮球后备人才的自身发展管理，学生在参与篮球训练后，大多都想在升学和未来发展上享有一定的照顾。但是，目前大部分学校无法做到对篮球后备力量在升学与未来发展环节上进行良好的衔接，一些教练员在训练中不尊重学生的成长发展规律，只顾眼前成绩，忽视了输送学校篮球的后备人才，这就会严重影响学校的声誉和知名度，从而在一定程度上影响学校篮球后备人才的招生水准。

除此之外，由于篮球运动队的内部管理涉及学校的许多部门，导致很多问题的出现，如工作协调起来难度较大，部分领导和教员没有清晰地认识到篮球运动人才培养的目的和意义，学校不重视篮球运动的管理机制不予重视等，这在很大程度上阻碍了篮球人才培养的健康发展。

（二）篮球人才培养经费投入现状

通过分析篮球运动存在的社会条件，经济基础是影响篮球运动生存和发展的一项重要因素，经济不仅是篮球运动发展的"血液"，而且也是篮球人才培养的基础。经济水平在一定程度上制约着篮球队的规模、结构、水平以及人才培养手段。

据调查显示，目前大部分学校篮球运动的发展都存在经费不足问题，资金来源比较单一，大部分资金来源于学校和上级行政部门的拨款，使篮球人才培养得不到经济保障。同时，由于经费缺乏，大部分学校在训学生没有训练补贴和伙食补贴，没有良好的后勤保障和支持。

（三）篮球人才培养教练员现状

教练员在篮球训练过程中起着主导作用，是篮球训练工作的决策者和实施者，他们直接控制着所有的篮球训练过程。因此，教练员队伍的整体结构合理与否，专项综合能力能否达标对篮球后备人才队伍训练的整体水平有着重要影响。

从教练员的教龄来看，事实证明，目前在篮球人才培养中，教练员教龄相对较低。换句话说，40～50岁这一年龄段正是最佳执教年龄，他们经验丰富，情绪稳定，但在实际教学中比例偏少，出现断层现象。30～40岁年龄段的教练精力充沛，思维敏捷，容易培养出高水平的运动员，但所占比例也不大。29岁以下的教练员数量最多，但该年龄段的教练员执教经验、社会阅历较少，情绪容易冲动，不利于对运动员的培养。从事篮球后备人才培养教练比较年轻，教龄较短，工作经验少，这势必会影响篮球人才培养的质量和水平。从教练员的学历来看，存在着教龄长的教练员学历较低，但有丰富的执教经验，年轻教练学历较高，但是缺少经验的现象。从教练员技术职称结构状况来看，教练员技术职称是教练员综合素质的体现。调查发现，教练员中国家级和高级技术职称比例较小，执教和科研水平令人担忧，中级和初级技术职称教练员比例较大，要积极加强对这些教练员的专业素质培养。

（四）篮球人才培养评价机制现状

评价机制建设是篮球人才培养的有力保障。但是目前，很多地区在选拔人才、管理和训练、竞赛成绩等过程中并没有建立完善的评价体系。在选拔人才时，大多只是凭借自身经验，没有形成科学合理的选材指标，在训练和管理效果方面，仅仅采用一些简单的成绩指标，评价指标很不健全。在竞赛成绩方面，一味地追求比赛结果，良好的配套评价机制未能建立。

第二节　篮球人才的特点与选材

一、青少年篮球运动员的身心发展

（一）青少年篮球运动员的身体发展特点

1. 新陈代谢

新陈代谢是指有机体同外界环境相互之间进行物质和能量交换以及生物体内进行物质和能量转变的过程，它主要包括物质代谢和能量代谢两个方面。

对青少年篮球运动员来说，由于其身体发展尚未成熟，所以在物质代谢、能量代谢方面都有着非常大的提高空间，篮球运动会使青少年的新陈代谢和身体机能处在一个相对比较活跃的水平。可以说，青春发育期对运动员体质的增强和综合能力的发展具有重要的意义。

2. 呼吸系统

同普通青少年相比，青少年篮球运动员的呼吸系统功能要强些，在肺活量方面就有着非常明显的区别。长期参与篮球运动训练，能够促使青少年篮球运动员的肺脏横径和纵径都得到增加，肺泡体积也随之增加，加上呼吸肌增强，深度加大，频率减慢，肺活量自然就增大，呼吸系统的功能也就随之增强。

3.心血管系统

人体的心血管系统是由心脏和血管共同构成，相对来说，它是人体最晚发育完全的一个系统，它的主要作用就是负责人体新陈代谢中的运输工作。健全的心血管系统是促使人体保持身体健康的重要标志。青少年篮球运动员的心血管系统要比一般人强一些，这主要是因为长期从事篮球运动，其心脏收缩力也会得到增强，每搏输出量增大，心率缓慢，收缩压增高，使血液供应适应机体负荷增大的需要，能承受较大的运动负荷。

4.神经系统

在人体发育过程中，神经系统是其中发育最早、最快的系统，在少年时期就已经接近成熟。青少年篮球运动员要把握好这时期，对神经系统的功能加强相应的锻炼，在这一时期同样存在很多不平衡的因素，主要是脑皮质中兴奋和抑制这两个过程，一般情况下兴奋过程要优于抑制过程。但是篮球运动员会随着训练时间的推迟，促进大脑的进一步发育，提高神经过程的灵活性，并逐渐使自己的神经系统机能达到成年人的水平。

5.运动系统

人体运动系统由三部分构成，分别是骨骼、关节和肌肉。人体骨骼到25岁左右时就已经发育完成。随着年龄的快速增加，骨骼内质比较柔软的水分以及有机物正在逐渐减少，而比较坚硬的无机物在不断增加，骨密质增多，骨骼也会相应地变粗、变硬，能够承受比较大的压力。通过进行篮球运动训练，青少年篮球运动员的肌肉功能会比一般人强一些，肌肉中的水分也会得到明显减少。肌纤维变粗，有机物也会随之增多，肌肉重量不断增加，横向发展也是非常快的，肌力得以不断增强。

（二）青少年篮球运动员心理发展特征

1.青少年篮球运动员的认知发展

青少年篮球运动员的认知发展主要从记忆力、思维、观察等方面体现出来。在记忆力发展方面，青少年篮球运动员的记忆手段主要是意义识记，意义识记主要出现在个体记忆发展的最佳时期。

在思维发展方面，青少年篮球运动员的思维主要是逻辑性思维，主要是依靠科学的理论思维指导，它是一种抽象的逻辑思维。

在观察方面，青少年篮球运动员在不同的时期有着不同的发展特点，而青少年的观察能力能够维持很长的时间，并且观察的概括性、精确性都有所提高，具有明显的发展效果。

2.青少年篮球运动员的情绪发展

（1）青少年情感日益丰富

环境事件会促使人们产生态度体验，这主要是因为环境事件同某一个体之间存在着一定的关系。青少年的情感正在变得不断丰富，但遇到问题就很容易情绪化，对事物的愿望也表现得非常强烈。

（2）青少年情绪发展呈现两极性

所谓情绪发展两极性，是指情绪的内容、强度、稳定性、概括性和深刻性等方面具有两极性。

（3）青少年出现反抗情绪

①心理性断乳受到阻碍。一般是指青少年从家庭中独立出来，其中，父母并没有做好有关青少年要求独立的思想准备，仍然过于爱护，这就非常容易导致青少年出现反抗情绪。

②人格展示受到阻碍。当教练只关心青少年篮球运动员的成绩，对其性格发展方向却不关心或忽视，甚至禁止其性格发展时，这就容易造成他们产生反抗情绪。

③自主性被忽视。当没有人理会青少年的心情时，便会使他们的自主性受到忽视，使他们的行为受到阻碍，进而容易产生反抗情绪。

④被迫接受某些观点。当教练强迫青少年接受某些观点时，他们会拒绝接受，从而引起反抗情绪。

（4）青少年性格基本形成

性格是一个人对现实的稳定态度和习惯性的行为方式。青少年时期，个性日趋形成，自我意识不断发展，青少年的人生观、世界观基本确立，性格基本稳定，其他方面特征也在不断发展。

二、青少年篮球运动员的科学选材

（一）家系遗传学调查

因为人体运动能力遗传是进行科学选材的基础。因此，在选材方面，通过对家系的调查，并通过遗传学的观点、方法来分析和评价被选运动员运动能力的发展潜力，不断提高预测的准确性，这是选材工作中最为重要的一部分。家系遗传学调查的主要内容包括以下几个方面。

①调查家系上下几代主要成员的身高、臂长、体型、体重等形态特征。

②调查上述亲属的身体健康水平，特别是有无遗传病史。

③调查上述亲属的运动能力（包括劳动能力）与兴趣爱好，尤其是调查体育运动的兴趣，尤其要注意体育世家和运动员的后代。

④被选者在家庭中特别像谁，要着重了解其相像者的情况，注意他们之间可能有更多相似的遗传联系。

⑤调查被选者的生育史，包括出生时是否早产、难产，出生时父母年龄及社会经济背景，母亲在孕期的健康水平等。

（二）运动员生长发育状况调查

1. 肌肉系统

测量体重是否在正常的范围之内，检查肌肉系统的发达程度与生长发育规律是否一致，注意两侧肌群发育对称性，测定握力背力，并用正常的标准予以评价，测定仰卧起坐，评定腰腹肌群的发育水平。

2. 骨骼系统

评价骨骼的发育水平，看其身高是否达到项目要求的高度，在立正站立姿势下，观察肩、髋及四肢的发育是否对称，观察胸廓是否正常，检查脊柱生理弯曲线是否正常，有无前曲、后曲或左右侧弯，检查上肢外展内收、外旋内旋，手腕活动功能是否正常，检查下肢是否是 X 形腿、O 形腿或对线不正，检查是否是扁平足等。

3. 心血管系统

通过心电图和听诊器来对心率是否正常进行检查，并检查心音是否正常，有无舒张期或收缩期杂音，如果有可以通过超声心动图来对其类型进行鉴别，检查血压是否在正常值范围之内，通常来说，收缩压不能超过 140 毫米汞柱，舒张压不能超过 90 毫米汞柱。

4. 呼吸系统

测量肺活量、肺通气量，做胸透以排除胸部疾病。

5. 血常规和尿常规

进行血常规和尿常规检查，看其是否在正常范围内。

6. 发育程度的鉴别与分型

对于运动员的正常生理发育程度及生理发育类型，可以通过第二性征鉴别法和骨龄鉴别法进行鉴别。在选材的过程中，只有在对运动员的发育程度进行区别之后，再根据发育程度进行分组，这样才能对运动员的形态、机能、素质运动成绩做出正确的评价，才能将那些生活年龄与发育程度相一致（或略偏小），而形态机能、素质、运动成绩又确是这一发育程度中的优秀者，作为我们要选择、也应该选择的目标。

（三）篮球专项选材指标调查

作为一个集体项目，篮球项目近身对抗比较激烈，拼抢非常凶狠，攻防之间的转换也比较快速，这就要求运动员具有良好的持续快速奔跑跳跃能力、凶狠勇猛的冲撞能力以及准确的投射能力和机敏的工作应变能力。运动强度大、能量消耗大是其生理学特征。因此，在选材过程中，需要利用一些同篮球运动专项特征相符合的生理生化指标，对运动员的身体素质、身体形态和身体机能进行评定选择。

在现代篮球运动中，身材大型化是非常重要的发展特征，这特征主要包含身体壮大、身材两层意思，也就是去脂体重大。虽然在篮球场上位置不同，对于身高的要求也不同，但在肌力和运动能力都基本相同的情况下，应选择身材高大的运动员。

此外，在身体形态方面，还应考虑那些臂长手大、腿长踝细、胸廓大臀小、足弓高及四肢围度大的运动员。

除了要具备较高的身材之外，运动员还要具备良好的握力、弹跳力和腰腹肌力量。灵活性也是篮球运动员所具有的非常重要的身体素质，以便在各种复杂多变的情况下，对各种动作准确、及时、巧妙而有效地完成。

第三节　高校篮球人才培养的对策

一、建立符合国情的篮球人才培养模式

我国的基本国情在于我们处于社会主义发展的初级阶段，人口基数大，资源底子薄，所以大力发展生产力是当前社会发展的主要任务。随着改革开放的进一步深入，我国社会发展中的各行业和各领域也在悄然进行着转型。由工业社会向信息社会转变，由计划经济体制向市场经济体制转变等。

在这样一个高速发生变革的时代下，各种体制的转变也势必会对现有的体育体制产生强烈的冲击，迫使其做出相应调整以适应大的时代环境。为了适应新形势的发展，我国高校篮球人才的培养工作也要进行相应的变革。以国家宏观调控为主、以职业俱乐部作为补充、以高校培养为主体的多元化篮球人才培养模式应该建立起来。这种模式既可以保证我国篮球人才在训练过程中竞技水平的提高，也确保了篮球人才在文化素质教育方面综合素质的提升。同时，我们还要有用发展的眼光来看待篮球人才培养模式发展趋势的能力。纵观国际篮球发达国家的青少年篮球人才培养体制，虽然在具体的政策措施上会有些许差别，但基本上都是以学校培养和职业化培养相结合的模式为主，这是国际篮球人才培养模式发展的必然趋势。目前，我国篮球人才的培养模式是国家培养和职业俱乐部培养为主，而拥有巨大篮球喜爱者的学校却没有得到相应的重视。如果我们能把学校开辟成培养高素质的篮球人才的一个新的基地，结合高校自身所具有的在培养人才上的得天独厚的优势，一定可以取得巨大的成效。所以当前的篮球人才培养工作应该向高校予以倾向，充分挖掘其在人才培养上的潜质。当然，任何的一种培养模式都不应该忽视文化教育对于学员的重要性。

①高校应该增强在校学生的篮球专业素养，要狠抓基本功，夯实理论基础知识，并将理论结合实践，只有实现理论与技术的完美结合，才能使运动员的应有水平得到最大限度的发挥，所以，高校应培育适应社会的高技术与扎实理论于一身的新时代人才。

②高校在选拔人才时要拓宽范围，尽可能多地去搜集人才；在处理学训问题时，首先要考虑学生的发展前途，其次再决定学生的学训时间比例；在篮球人才培养中，学校应尽可能地满足训练需求，只有这样才能促使训练的有效实施。

③在培养篮球人才的过程中，要形成自己的训练体制，要有自己独立的训练思想；我们可以在培养的过程中通过校企合作的形式增加训练的经费，保障训练有序的、持续的进行；篮球人才的培养不仅是高校的责任，而且也是当前中小学的责任，他们也要在篮球人才培养这条道路上肩负起自己的职责，从而奠定人才培养的基础。

二、篮球人才培养中选拔体制的改革对策

（一）小学—中学—高中—大学全流程阶梯选拔制度

1. 小学—中学阶段选拔

小学到中学阶段，运动员处于身体发育阶段，身体特征及专业技术体现还不明显，处于幼儿的运动员仅仅只是喜欢篮球运动，没有其他的相对明显优势。所以，在小学到初中这一时期通过篮球技能对学生进行运动员的选拔是非常不切实际的。这一阶段重要的是学生的兴趣培养，这个阶段是学生运动生涯长远规划的萌芽时期，是运动员的启蒙时期，对于开始从事篮球运动的孩子来说是非常重要的，应当以培养潜在运动员为主，从兴趣、身体和基本的篮球知识教育孩子，培养深层次的篮球信念。

考虑到我国实际国情，相对于绘画、围棋、乐器等特招生的招生方式，小学—中学阶段无法依靠标准的篮球考核标准进行运动员选拔，可以参考以下测试标准和制度进行：①基本身体素质，包括身高、臂长、往返跑成绩、肺活量、起跳高度等，这是目前阶段可以直接测量与篮球相关的指标，身体素质也是一名优秀的篮球运动员应该具备的基本素质，是影响运动员成绩的重要指标；②兴趣导向，即对篮球的兴趣、自身发展条件等；③篮球知识，即对篮球文化、篮球基本知识的了解，从简单的篮球基本知识入手，深入了解篮球相关知识，培养篮球兴趣，打好坚实基础。通过这些项目的考核，在小学到中学这一阶段选拔出具有一定篮球运动员发展潜质、拥有一定篮球知识并且对篮球有兴趣的青少年，在初中阶段就进行篮球运动员的初步培养。通过科学、体系的篮球运动员初级培养，在青少年阶段就开始让篮球运动员在篮球素养的培养、文化课学习的习惯以及健康人格发展打下良好的基础。

2. 初中—高中阶段的选拔

初中到高中阶段，原先的幼稚孩童已经成长成青少年，此阶段也是运动员训练时期的重要阶段。此阶段的运动员身体成长起来，各方面的条件也逐渐显露出来，加上小学期间的培养，初步具备篮球运动员的基本身体素质，对篮球也有浓厚的兴趣。此阶段是青少年身体和技术发展的重大阶段，所谓篮球的基本技术形成期就是指这个阶段。本阶段的篮球运动员，除了注重篮球基本技能的培养，还需要看重运动员篮球素养的培养、文化课学习

的习惯，最重要的是打造健康的人格和健康的心理。健康的心理状态是运动员成才的重要条件，学生篮球运动员的心理状态对其篮球训练和比赛有着重大的影响，所以，拥有良好的心态是运动员们获得优秀成绩的重要保障。

虽然此阶段的篮球运动员已经接触篮球技能训练，但还是处于基本功训练和简单的篮球团队技能训练，所以在初中一高中阶段，参考以下选拔篮球运动员标准：①身体素质，即此阶段身体基本情况，跟小学一初中阶段一样，包括身高、肺活量等，青少年阶段可以基本看出运动员身体方面的潜质；②基本篮球技能，包括篮球移动、传接球、投篮、运球和突破、防守等，通过观察动作的连贯性和熟练性，选拔具有潜力、可开发的学生；③成熟的心理素质，包括个性心理特征和运动心理素质。运动员的个性心理特征可以决定运动员对篮球的兴趣和热情，最好的类型是活泼型和安静型，热爱运动，反应快，沉着冷静，精力充沛等；运动心理素质主要是表现在动作的反应迅速和准确方面，运动比赛时心理平稳性和清晰度。通过以上项目的考核选拔，可以选出初中一高中阶段青少年中对篮球有激情、对篮球基本技能熟悉、有潜力的学生，同时他们的心理素质良好，方便以后的训练和参加比赛。在此阶段，会对运动员制定健康的训练教程和课程，包括科学的训练时间和强度，心理辅导训练等，为后期高中时期的强化训练打下坚实的基础，以更好的条件步入大学。

3. 高中一大学阶段选拔

在高校选拔高水平运动员时，高中到大学阶段的选拔是最直接的环节，当前国内大多数高校都通过统一的高水平运动员招收程序进行选拔，基本思路是通过对申请高校的已经取得一定成绩的高水平篮球运动员进行进一步水平测试招收。有的高校设置篮球夏令营，通过在一定时期内观察篮球运动员的身体素质、篮球素养、技术水平来判断是否符合高校招收篮球运动员的条件，以便于最终通过统一的高水平运动员招收程序更正确地进行选择；有的高校是直接报名并进行测试选拔。

因为高校招收篮球运动员周期基本是一年一次，考虑到时间上的局限性，运动员在不同时期的身体状态等因素，即便通过篮球夏令营等方式进行考核，依然存在对于一些偶然情况下的不可控。为了避免发生偶然情况，应当扩大交流与考核方式，在更长时间区间以及更多次的在高中到大学阶段考察高水平的篮球运动员。

（1）开展高中一大学间篮球交流

通过高中与大学间的篮球活动的交流，提高高中篮球文化氛围，其作用有以下几点。

①提早发掘高中阶段水平突出的篮球运动员，以便进行重点培养。

②促进高中篮球运动员了解大学。

③提高篮球运动与高校的接触，从而有助于运动员和高校之间进行相互了解和选择。

（2）加强高中和大学之间的对接和信息的沟通

建立大学与高中学校教练老师的联系，帮助高中和大学之间的信息沟通，使双方信息完全化，帮助明确高中时期运动员的方向和导向，也促使大学针对高中运动员的具体情况

制定相应的培养计划和措施，有助于大学顺利招生和更好地培养运动员。

4.全流程阶梯选拔

为了更好适应高校的培养要求和目的，进行从小学—初中—高中—大学的全流程阶梯选拔，从小抓起，根据各阶段学生运动员的特质和高校对运动员的身体、篮球技能和学业的要求，针对性进行培养和教育，对优秀优质的潜力运动员从小培养，层层选拔。这需将上述三个阶段的选拔结合起来，在小学阶段对学生进行启蒙教育，从身体基本素质、篮球知识和兴趣方面进行选拔，进入运动员人才库；初中阶段对运动员人才库的学生培养篮球基本技能和心理素质，最后从人才库中根据相应标准进行选拔；高中阶段，对初中阶段选拔的运动员进行大强度的篮球技能训练，培养整体的篮球能力，同时加强文化知识的学习，为进入大学做好准备。这种全流程阶梯选拔，不仅可以对小孩进行教育培养，还可以使其从少年开始提升挖掘运动员的潜力，打好专业基础，后期培训就事半功倍。

（二）高中—大学—专业队双边匹配选拔制度

高校为了更好地选拔招收优秀的篮球高水平运动员，需要建立高中 - 大学专业队双边匹配的选拔制度，从选拔运动员的文化要求、篮球素质和发展需要三个方面出发，使高校和运动员进行双向的匹配，形成稳定匹配。

1.双边匹配选拔原则

高校选拔篮球运动员的过程和程序需要根据一定的原则制定，建立高中—大学—专业队双边匹配选拔制度，需要遵循以下原则。

（1）德才兼备原则

所谓德才兼备的原则，即在高校选拔篮球高水平运动员的过程中，必须注意从运动员的"德"和"才"两个方面去考核选拔，不可只重视一样，或者由于篮球运动员"才"华横溢而忽视"德"的重要性。对于篮球运动员"才"的考核，目前已经形成比较科学、合理的选拔方法，即对篮球运动员的文化素质和篮球技能素质进行考核，通过篮球技能测试和高考文化考试，就可以考核运动员的"才"。对于"德"的考核，由于是无形，所以考核起来比较复杂，应该通过访谈法和调查法进行综合考察。

（2）公正公开原则

所谓公正公开的原则，即大学和专业队在选拔篮球运动员过程中始终要坚持公正公开的原则，不能受外界的不正当因素的影响，保证最终选拔结对所有篮球运动员是公平合理的。为了招收到优秀的篮球运动员，就需要保证选拔过程的公正公开性，使得篮球高水平运动员的选拔目的得以实现，选拔得到真正优秀的篮球运动员，选拔出与大学和专业队需求所匹配的篮球运动员。

（3）竞争择优原则

所谓竞争择优的原则，即将竞争机制引入到篮球运动员的双向匹配选拔机制中，从若干个篮球运动员中选择最优秀，最适合大学和专业队的篮球运动员。在选拔篮球运动员的过程中肯定会有竞争存在，目前篮球运动员市场上供求不平衡，需要通过竞争，择优选拔录取。如果在选拔篮球运动员的过程中缺少竞争机制，会导致篮球运动员不上进，缺乏激励刺激因素。竞争择优原则在篮球运动员和大学、专业队之间符合匹配要求的情况下，择优录取。

（4）能力匹配原则

所谓能力匹配原则，即大学和专业队在选拔篮球运动员过程中，看重的是篮球运动员与高校、专业队需求的能力相匹配的原则。在选拔篮球运动员时，看重的是运动员自身的文化能、篮球技能和心理素质能力，选拔出来的篮球运动员必须是其能力与高校所需要人才的能力相匹配，这样后期的培养教育才会顺利发展。

2. 双边匹配选拔方式

双边匹配的选拔作为普通招生选拔的一种，然而又具有自己的独特特点。双边匹配选拔方式不仅具有普通招生的一般选拔方式，而且还具有独特的选拔方式，主要的选拔方式有以下几种。

（1）教练推荐方式

实现双边匹配，还可以通过教练推荐的方式。教练就像是运动员的第二个父母，从小就开始对运动员进行教育和锻炼，对运动员的各方面都很熟悉，包括运动员的篮球基本技能、文化水平、性格特点和心理情况等。高校和专业队可以直接找教练说明自己的所需要的运动员的素质和要求，教练根据了解双方的信息，进行合理的推荐和匹配。通过教练推荐的方式，过程简单，节省大量的财力和物力，也可以达到双方匹配的作用，但是存在一定的人情风险，高校和运动队还是需要对教练推荐的运动员进行一定的素质测试，保证选拔稳定匹配的篮球运动员。

（2）球探发现模式

球探发现模式类似于教练推荐模式，但是也有不同。球探并不是教练，他是一种单独的职业，他存在于大学里面，而教练属于中学。球探的任务就是去各个中学发现优秀运动员，为大学推荐优秀运动员。当球探在中学发现优秀运动员，并将优秀运动员介绍给各个高校，提供高校人才信息。运动员提前去各个高校参加试训，以便高校更好地了解运动员的基本情况。通过球探介绍和试训，高校愿意接收此运动员，会给出相应的承诺，那么运动员中学毕业后将进入本高校学习，如果学校没有给出承诺，运动员还是可以选择其他高校。国外的联络网模式，就有一种形式是"中学篮球运动员—球探—大学"，通过联络网模式，优秀运动员和高校之间的桥梁也越来越直接，有利于中学优秀运动员方便快捷进入理想高校学习。

（3）体育测试加考试方式

这一选拔方式是目前最常用，也是最普遍的。篮球运动员首先按照自身了解的高校信息，选择心仪的高校，并报名参加高校的选拔。因此，高校会组建体育篮球测试委员会，安排时间、地点，测试报考本校的篮球高水平运动员的基本篮球技能素质测试，根据学校规定的标准，只有通过的运动员才有资格进去高校体育测试只是第一步，这个是测试运动员的篮球技能水平是否符合高校的要求，这个阶段过后就是考试阶段，即运动员参加的高考。通过高考成绩可以看出运动员的文化素质水平，只有达到高校的分数要求后，才能真正被录取。高考的文化成绩可以反映篮球运动员的文化素质和心理素质，通过这种考核方式，选择与高校文化要求相匹配的运动员，达到稳定匹配。

（4）运动员直接推送

运动员直接推送是指在篮球表现方面相当出色的队员，在联赛中取得良好成绩，高校和专业队的教练直接看重其能力，就对运动员直接选拔录取。这种方式，高校和专业队占主动地位，对相当优秀的人才，直接上门引进。此种方式还需要得到运动员的认可，不然只会出现单方面的匹配，而没有达到双向匹配，不会形成稳定的匹配关系。

3. 双边匹配选拔制度设计

双边匹配选拔制度需要根据高校、专业队和运动员的实际情况，制定关于选拔原则、方式、流程等一系列内容。为了有效实施高中一大学一专业队的篮球运动员双边匹配选拔，制定了以下制度。

①坚持国家体育委员会和高校管理相结合的原则。除了遵循上文提到的相关原则外，高校对篮球高水平运动员的选拔工作需要有国家体育委员会参与管理，包括统一标准的制定等，确保各高校按照要求选拔篮球高水平运动员。

②严格落实按照标准选拔，不允许未达到要求进入高校就学的现象出现。双边匹配选拔是高校为了选拔到和自己要求相匹配的篮球运动员，不能因为其他的外在因素破坏这个目标。

③高中一大学之间做好学校之间交流工作，确保能够更加详细了解篮球运动员。高中学校了解篮球运动员在学校上学的各方面情况，对篮球运动员的优势和劣势也很清楚，大学和高中之间要保持密切联系，确保招收的篮球运动员是最佳匹配的。

④高校选拔篮球高水平运动员要严格控制人数，避免出现大量选拔人员，打乱高校的教学质量和氛围。

双向匹配制度的系统中，增加球探这一角色，能够通过人员的自主性进行匹配，这是借鉴美国的传统做法，也是利用互联网进行双向匹配系统的补充。当然，联络网系统不仅仅包括"中学篮球运动员—球探—大学"的形式，还包括"中学篮球运动员—高校篮球运动员选拔系统"的形式，通过网络进行匹配，有效选拔高校篮球运动员。建立完善的双边选拔制度完善我国高校篮球运动员的选拔制度和工作，有利于高校招收到稳定匹配的篮球运动员，也为国家输送更优秀的运动员，为国家体育事业做出重大贡献。

（三）建设国家高校篮球运动员选拔信息平台

国家高校篮球运动员选拔信息平台是在考虑到对篮球后备人才科学选材的前提下，依靠双边匹配制度理论，将高校篮球队对篮球后备人才的需求同篮球后备人才对篮球训练、发展以及文化课学习的需求进行协同匹配并达到在全国范围内能够高效科学的为篮球后备人才选拔提供支撑的系统。

国家高校篮球运动员选拔信息平台通过篮球运动员信息模块的子系统，收集并记录篮球后备人才在竞技比赛、生理指标、篮球技能方面的数据。收集并记录的关于竞技成绩的数据有助于客观观察篮球后备人才在实际竞技活动中的临场表现，收集并记录的生理指标有助于全面了解篮球后备人才的各项生理要素的发展情况，篮球技能指标主要通过篮球技能测试来检测篮球后备人才的各项运动技巧的水平，文化成绩记录系统对篮球后备人才的学业情况进行记录，通过跨时间维度的全面信息记录将篮球后备人才的素质进行全面的呈现。

双边匹配模块以高校篮球队的需求发起作为驱动，高校篮球队在需求系统中参照自身发展需求及名额设定需要选拔的篮球后备人才类型和标准，并通过篮球队申请资格审查系统对系统中篮球运动员的各项指标进行审查，通过审查的篮球后备人才将根据自身情况在运动员需求系统中提出自身需求，对高校运动队水平、规模、待遇及高校专业培养等情况进行选择，双边需求顺位匹配系统将根据篮球队需求、运动员需求进行需求的双边匹配计算。

选拔协定模块在双边匹配模块的基础上，通过建议匹配名单参考系统为高校篮球队和篮球后备人才提供一份满足双边需求的名单，按照双边需求篮球队将获得一份满足或部分满足其选拔要求的篮球运动员的名单，同时篮球后备人才也将获得一份其具备申请资格并满足或部分满足其运动发展和专业学习的高校名单。在双边获得参考名单后，通过双边选择意向协定系统在一定时间内完成录取意向的达成，双边选择意向均同意选择后，则完成高校篮球运动员后备人才的选拔。

按照三大模块和各个子系统的功能设计，在经过若干轮的协定后，高校篮球队和篮球后备人才都能找到满意的选择对象。

国家高校篮球运动员选拔信息平台的建设意义在于通过信息平台的选拔方式，完成体教结合的篮球运动员选拔，完成全国范围内的最优资源配置，完成高效的篮球运动员选拔工作。这将突破传统的篮球运动员选拔受地域限制、选拔科学性无法保障、选拔机制无法保障等问题。

（四）建设国家篮球运动员选拔监管机制

在国家篮球运动员的队伍建设中，高校篮球运动员的招生选拔是第一个环节，也是一个重要环节。自国家开放高校试点选拔高水平运动员以来，也开办了篮球项目运动员的选拔活动，国家教育委员会将招收特殊运动员的权力赋予了部分高校，然而，由于国家篮球运动员选拔监管机制的缺乏，也导致很多问题出现。

首先，国家没有给定统一的标准，各个高校选拔招收的篮球运动员自行制定标准，各自为政，因此高校间招收的运动员能力都参差不齐。有些高校通过"关系户"和"走后门"招进许多关系生，导致高校后期的教育、培养、管理存在很大难度，形成不良的风气，降低我国高校篮球运动员的整体质量。同时，高校的教练员在功利的诱惑下，急于行事，运动员的成绩好坏直接与其奖金、晋升相联系，只看到短期利益，没有放眼长期利益。教练们因此只重视培养篮球运动员的比赛技能，或者在运动员少年时期就给以专业化和成年化训练，从而忽视了篮球运动员青年培养篮球运动的系统性、长期性，导致运动员没有打好基础，这表现在我国现阶段许多青少年篮球训练中。没有有效的国家篮球运动员选拔监管机制，高校、教练甚至是运动员自己会钻制度空子，为了自己眼前的利益，做出违反长期可持续发展的行为，导致许多问题的发生。由此看出，建设国家篮球运动员选拔监管机制是非常有必要的，它从源头杜绝问题的发生，保证国家高校有效地培养大学生篮球运动员，也为国家的篮球运动员建立优秀的后备军。

1. 监督运动员

在选拔篮球高水平运动员的过程中，不仅要严格监管选拔机构，而且还要监督运动员。运动员们为了进入自己梦想中的高校，也为了寻求高校中优质的资源和训练条件，在自身没有达到要求和标准的情况下，通过行贿、走后门等方式，做出违规行为，破坏整个篮球运动员选拔过程和秩序。因此，国家应该采取相应措施，加大对篮球运动员选拔过程中运动员的监督管理。

（1）加强建立诚信道德体系

运动员从灰色地带出发，想通过非一般的途径进入高校，走法律漏洞，最主要还是其道德诚信的缺失。没有诚信道德，才会为了自己的私利不择手段。那么，国家应该加强建立诚信道德体系，从小学选拔篮球运动员时候，加强各运动员的诚信道德教育，大力宣扬诚信美德。同时，向其警示违反诚信道德的行为获得的下场，提高运动员自身的诚信意识，增强运动员的法律意识。

（2）加强运动员选拔管理

运动员之所以可以钻漏洞，走后门，主要是因为国家高校篮球运动员选拔标准的不严谨、要求不严格造成的。国家教育部制定统一的篮球运动员的选拔条件和要求，要求各个高校按照统一的标准选拔篮球高水平运动员，对不符合要求和标准的运动员做到坚决不能被高校录取。将要求和标准定量化，方便测量和衡量，避免运动员找寻漏洞，完善整个选拔管理制度和标准。

2. 监督选拔机构

国家篮球高水平运动员选拔的机构涉及很多方面，主要包括教育部体育主管机构和各大高校体育部。教育部体育主管机构是我国学校体育工作的最高权力部门，同时也是高校选拔教育高水平运动员的行政领导。一般而言，教育部体育主管机构对高校也起到监督的作用，但是为了完善我国篮球高水平运动员的监管机制，在以下方面需要采取措施。

（1）健全行政监管机制

国家应该从宏观角度实现对建设国家篮球运动员选拔机构的监督管理，最主要的是健全国家的行政监管机制。教育部体育主管机构和各高校体育部在对国家篮球运动员的选拔上的角色不一样，各自的职能不一样。首先，应该明确各方面的职责分工，加强相互的沟通和协调。在现有的行政监管体制上，加强各部门、各高校的协调和沟通，在国家出示的相关政策和规定上，充分发挥各机构的作用，避免出现监管漏洞。同时，详细划分部门职责，避免出现监管部门内部之间相互推诿的现象，导致监管盲区。其次，国家应该扩大监管的力度，加强监管队伍。国家应该加大投资扩大监管力度，包括对监管人员的专业技能培训等，保障我国篮球高水平运动员选拔的公正公平性，监管各个选拔机构在选拔篮球运动员时严格按照要求选拔，避免出现违法违纪的行为。最后，教育部的职能部门制定全国统一的分数，规定各个高校必须严格按照分数线进行选拔录取，不得随意降低分数，加强监管力度。

（2）完善激励机制，加大惩处力度

针对我国目前存在的某些问题，采用完善的激励机制监管高校选拔篮球高水平运动员。完善高校教练员和体育部的激励机制，避免高校体育部和教练员为了自己的私利钻政策漏洞做出违反规定的行为。教练员和高校体育部选拔和培养的篮球高水平运动员的成绩和表现，直接与其对应的相关利益挂钩。一旦发现违反国家规定，对篮球运动员不按要求进行选拔，走"关系户"等行为，应加大惩处力度，不能姑息，使其他高校体育部与教练员引以为戒。

（3）建立知情人举报制度

对高校篮球运动员选拔机构的监管，还需要群众的力量。国家建立知情人举报制度，对选拔篮球高水平运动员机构有违规行为知情人员，可向相关部门进行举报，发现情况属实，进行适当的奖励。群众人数多且力量大，特别是篮球高水平运动员选拔机构的违规行为，可能直接伤害某些群众的利益，更能激起群众的举报动机。有了群众帮助监督，加大了对篮球运动员选拔机构的监管力度。

3. 对选拔流程的监督

在国家选拔高校篮球高水平运动员的过程中，选拔流程对选拔运动员的质量和选拔秩序有直接影响。

（1）规范招生程序

一是在大学生体育协会的宏观控制下，需要认证报考高校篮球运动员的学生的报考资格，只有确认资格合格后才能参加学校报名；二是参加高校统一组织的篮球技能测试考核，只有通过的运动员才能与高校签订意向书；三是参加高考，通过文化分数线的运动员才能去高校报道学习。这是整个篮球高水平运动员的选拔招生程序，必须严格执行，所有的高校选拔招收篮球运动员必须经过所有的相关程序。

（2）教育部规定篮球高水平运动员选拔的标准和规范

在篮球高水平运动员的选拔招生程序中，高校不能采取不同的篮球运动员选拔标准和规范，如果各个高校采取的标准不同，会使国家整体的选拔流程打乱，不利于进行公平、公正的选拔，也为钻空子的运动员和教练员提供了条件。因此，国家规定篮球高水平运动员选拔的标准和规范，有效地监督和管理篮球运动员的选拔流程，从而有效避免了不必要问题的出现。

三、篮球人才培养中训练体制的改革对策

（一）普及篮球运动，提高篮球技术水平

随着社会的发展与进步，全社会开始越来越关注篮球运动，篮球人才也在逐渐增加。为了促进篮球技术水平的提高，为了培养更多的篮球人才，篮协应积极参考 NBA 的人才选拔方法，适当增加甲级队的数量，在逐步缩短各队间差距的同时，提高比赛的对抗性与队员的持续作战能力。要通过各种宣传、组织形式，使更多的年轻人了解和参与篮球运动，从而实现篮球运动的全面普及；与此同时，应将（CUBA）大学生联赛和乙级联赛综合起来，缩短大学生球员和专业队在竞技水平上的差距。除此之外，篮球训练管理应由原来的经验型向科学型转变，由人治向法治转变，通过科学、系统地训练，来使教练员及运动员们的积极性得到激发，从而形成强烈的职业理念。

（二）注重培训与考核，深化改革竞赛体制

篮球协会及篮球管理中心应定期培训和考核教练员的训练技能。应制定和实施全面的教练员培训制度，将优秀的篮球科研人员分配到运动队中去，积极配合篮球运动训练，使运动训练更加规范化、标准化。此外，应重视竞赛体制的革新，促进比赛数量与质量的同步提升。自篮球体制改革以来，我国篮协便明确提出了在探索中总结，注重立法和完善的改革方针，将传统的赛会制转变为竞赛制（赛会制、赛季制相结合），通过举办各种优质、量足的比赛来发挥市场潜力，推动篮球事业稳步向前发展。

（三）注重理念创新，理顺篮协与俱乐部的关系

篮协应转变传统的经营观念，切实突出自身对篮球俱乐部的服务和指导作用。我国篮球改革处于起步阶段，可谓机遇与挑战共存。要逐步提升我国篮球运动的整体水平，就应坚持走社会化、职业化发展道路，要通过体育市场予以实现。改革应以转变观念为基础，坚持社会主义市场经济理论的正确指导，将市场经济与篮球运动发展的规律作为行为准绳，切实转变行政主管部门的职能，实现运动水平全面提升、篮球产业和谐发展的基本目标。与此同时，应重视资产和行政管理，政府应搞好宏观调控，逐步放开对俱乐部具体事务的干预；要完善法律章程及相关法规，实现对俱乐部的管理规范化、经营科学化，为职业篮球俱乐部提供和谐的外部环境。

（四）改革当前训练体制，培养强大的篮球运动员后备力量

训练体制改革应以竞赛为先导，注重职业俱乐部的自身建设；要加大法制建设力度，推动改革健康有序地进行。现阶段，CBA 职业联赛处于高速发展时期，钱澄海篮球俱乐部（北京）、丛学娣篮球俱乐部（上海）等国家非职业篮球也极为踊跃，他们运用各自的优势，吸纳了大批篮球爱好者，拓宽了篮球苗子的培养途径，同时也推动职业篮球走上职业化发展道路，这种职业篮球与非职业篮球长期共存的发展格局已逐步形成。我国培养篮球运动员后备力量，应坚持走学训相结合的道路，要以学校培养为主，以俱乐部培养为辅，逐步转变当前的训练体制。如此一来，才能为我国篮球俱乐部输送更多文化素质高，技战术强的篮球后备人才。

四、篮球人才培养中保障体制的改革对策

（一）拓展群众参与篮球运动的基础

一个国家能否成为篮球强国，并不在于其能够在国家大赛上取得怎样的成绩，而在于这个国家是否具有良好的群众运动基础，是否把篮球运动作为他们日常生活的一部分加以喜爱。如美国的 NBA 之所以能够成为世界顶级篮球赛事，与其国内拥有众多喜爱篮球运动的人们有密切联系，街头篮球文化的发展是其根源。多数美国人会在工作后走上街头参加篮球运动。许多优秀的人才也是在这里被发掘出来的。

篮球人才培养的源泉来自青少年，因此在扩大篮球群众基础的同时，要特别注重对于多青少年篮球爱好的培养工作，从小引导他们接触篮球，培养对篮球运动的兴趣爱好。各个相关体育职能部门要开展一系列有助于培养青少年篮球爱好的体育活动，例如举办各级年龄阶段的夏令营活动，这项活动的范围不能仅仅局限于城市地区，要把广大的农村青少年儿童也纳入这个体系中来，在资金和设备的投入上予以倾向，吸引全国广大青少年加入的篮球运动中来；比如举办趣味性的篮球比赛，降低其竞技性，提高其娱乐性，使青少年投入其中后能够享受到篮球运动带来的快乐，而不仅仅是个人比赛的成绩。此外，我们可以效仿国外成立各个年龄阶段的俱乐部来专门培养发现的优秀篮球人才。俱乐部与学校之间保持合作，对学员的训练和文化教育各司其职，为培养高素质、高水平的篮球人才通力合作。

随着我国经济的快速发展，人们生活水平的提高，对于培养健康生活方式的关注度也在与日俱增。以此为契机，推动篮球运动在我国的普及，让更多的人喜欢篮球，参与到篮球的运动中来，对于我国未来篮球人才的培养以及篮球事业的健康发展都是极为有益的。

（二）培养健康向上的篮球体育文化

篮球文化是长期从事篮球相关活动的运动员、教练和球迷等群体所形成的篮球观念和行为活动。篮球文化特征体现在它的群体性上。篮球是一项群体运动，按照群体共同遵循的一套规则和行为模式而开展活动，它虽然独立于个体之外，但是对于培养个体的团队合

作意识、球员彼此间的信任度等方面发挥着巨大的作用。

同样，篮球文化的产生也与其所处的历史文化环境有关联。在我国传统文化中，一直所遵从是谦和、礼让、淡泊明志等观念，这与强调身体对抗、竞争和追求荣誉的体育精神相悖，不利于我国篮球事业的长远发展。所以在日常的篮球人才培养过程中，要对球员灌输一种在比赛中强硬的态度和舍我其谁的霸气，努力打造具有我们中国特色的篮球体育文化。当然，这并不等于说传统文化对于竞技篮球的发展没有丝毫帮助，恰恰相反，我们就是要扬长避短，把传统文化中适合篮球运动健康发展的积极因素融入人才的培养工作中去，使传统文化可以更好地为我国篮球事业的发展所服务，创造出一种全新的、具有我国特色的篮球体育文化。

（三）加强教练员队伍的建设，提高训练水平

教练员在篮球人才培养的过程中处于主导地位，所以教练员的能力培养应得到足够的重视，加强教练员队伍的建设，不断促进其专业水平和训练水平的提高。可以通过建立严格的上岗制度，将教练员的培训归纳到教练员上岗资格的考核指标；教育行政主管部门要对教练员的实际需要加以了解，为他们创造培训的有利条件；重点培养有责任感的教练员，提高其理论水平，使其学会科学的训练手段；重视培养和引进高水平的教练员，提高训练质量和技术创新。

（四）积极引进先进管理经验，提升管理理念

在篮球人才培养管理机制建设中，要对国外的先进管理经验积极借鉴和学习。如美网的体育管理采用的是典型的社会主导型管理体制，美国大学生体育联合会作为美国高校竞技体育的管理机构，有着完善的组织机构和科学的管理理念。一般而言，美国这种先进的管理理念对我国篮球人才培养管理机制的完善建设主要有以下启示。

①提升管理理念，促进政府主导型管理模式转变为社会主导型管理模式，应该学会类似采用大学生体育协会的管理方式。

②加强监管篮球运动员的招生管理工作，建立和完善招生管理的专门机构，使篮球招生工作更加科学化、规范化和程序化。

③完善大学生体育协会的组织机构和职能，加强对篮球人才训练的管理，建立有利于运动员训练和培养的教练员轮流管理制度。

④处理好篮球人才的训练管理和教育管理之间的矛盾，通过加强普通大学生与篮球运动员之间的交流和合作、统一管理等方式来提高篮球人才的训练管理和教育管理水平。

除此之外，体育行政部门要积极转变职能，加强政策引导、组织协调，建立灵活多样的调控机制。加强对后备人才培养单位的管理，健全和完善各项规章制度。与此同时，管理部门还要在政策上向篮球训练倾斜，奖励成绩突出的学校。

（五）构建评价体系，提高篮球人才培养质量

目前，由于现代篮球人才培养在选拔人才、训练效果、管理效果、竞赛成绩等过程中未能建立其完善的评价体系，从而影响了篮球人才的培养工作实施的科学性，因此，要构建一套完整评价体系，对篮球人才培养工作进行科学指导，以提升篮球人才培养的质量和水平。

在构建篮球人才培养评价体系中，主要应做到以下三点。首先，通过在国家社科基金项目、国家体育总局项目、地区社科基金项目等课题指南上增设篮球运动队人才培养评价体系的相关研究项目；其次，通过校级课题立项形式，加强对地区运动队人才培养评价体系建设的研究；最后，通过鼓励地区篮球运动队的开展进行个案实证研究，以检验地区篮球运动队人才培养评价体系是否科学、合理。

（六）增加资金投入，改善篮球训练的物质条件

经费不足是篮球后备人才培养面临的重要问题。对培养篮球人才的学校来说，由于自身的经营能力有限，场地设施无法满足篮球训练的需要物质条件的严重匮乏，直接影响了篮球人才培养的健康发展。因此，要改变以往单靠学费或教委、体委投资以及社会赞助等单一的资金投入方式。政府部门应该积极给予在政策上的支持，同时学校要积极转变观念、改变思路、广开财资、扩大渠道，以改善学校篮球人才培养的经济条件，从而为篮球学校的训练管理工作提供物质保障。

参考文献

[1] 李承维. 篮球运动教学与训练 [M]. 武汉：华中科技大学出版社，2012.

[2] 任金锁，李昂. 高校篮球运动教学与训练研究 [M]. 长春：吉林大学出版社，2012.

[3] 吕德忠. 高校现代篮球运动教学与训练 [M]. 北京：北京体育大学出版社，2008.

[4] 勾占宁. 现代篮球运动教学与训练方法研究 [M]. 北京：团结出版社，2018.

[5] 谭晓伟. 现代篮球运动的教学与训练研究 [M]. 北京：煤炭工业出版社，2017.

[6] 朱明江. 高校篮球运动教学开展的理论与实践 [M]. 北京：中国水利水电出版社，2017.

[7] 吕克. 篮球运动教学战略性训练研究 [M]. 中国原子能出版社，2017.

[8] 刘晖. 现代篮球运动教学与训练研究 [M]. 中国原子能出版社，2016.

[9] 朱超. 高职篮球运动教学理论分析与科学设计 [M]. 北京：中国水利水电出版社，2018.

[10] 张环. 篮球运动训练与人才培养研究 [M]. 北京：中国科学技术出版社，2016.

[11] 张慧智，高悦. 现代篮球训练方法与人才培养研究 [M]. 北京：中国水利水电出版社，2013.

[12] 李成梁. 中国篮球后备人才培养研究 [M]. 长春：吉林大学出版社，2013.

[13] 赵辉，姚仲凯，许霞. 现代篮球后备人才培养与科学化训练研究 [M]. 北京：新华出版社，2014.

[14] 杨改生. 中国篮球运动发展研究 [M]. 郑州：河南大学出版社，2014.

[15] 张霖. 篮球裁判理论与实践研究 [M]. 厦门：厦门大学出版社，2016.

[16] 唐建倦. 协同与整合：中国竞技篮球后备人才培养机制创新 [M]. 广州：华南理工大学出版社，2016.

[17] 曲京. 青少年篮球人才的培养与实训 [M]. 北京：中国书籍出版社，2016.

[18] 叶巍. 新视角下篮球运动之人才研究 [M]. 长春：吉林大学出版社，2013.

[19] 徐伟宏. 篮球队伍管理与心理训练 [M]. 北京：知识产权出版社，2013.

[20] 张海利，张海军. 现代高校篮球教学理论与方法研究 [M]. 北京：新华出版社，2015.

[21] 宋佳鑫，钱宝山，张亚萌，关成雪，任慧莹. 高校篮球运动发展的制约因素和应对策略 [J]. 当代体育科技，2018，8（31）：83+85.

[22] 李维. 高校篮球人才培养工作探析 [J]. 当代体育科技，2018，8（30）：155-156.

[23] 王力 . 高校篮球运动发展存在的问题与改善研究 [J]. 科技风，2018（31）：64.

[24] 马大程 . 高校篮球教学训练中学生战术意识培养研究 [J]. 才智，2018（29）：121.

[25] 孙海洋 . 高校篮球教学改革策略分析 [J]. 黑龙江科学，2018，9（19）：112-113.